LES EPITAPHES
DE DIVERS SVIETS
DE P. DE RONSARD,
GENTIL-HOMME
VANDOMOIS.

ENSEMBLE
LES DERNIERS VERS D*
mesme Autheur, auec sa vie, &
son Tombeau.

TOME X.

guyon de sardiere

EPITAPHES DE DIVERS SUIETS.

A TRES-ILLVSTRE ET VER-TVEVX PRINCE, CHARLES CARdinal de Lorraine.

Le dernier honneur qu'on doit à l'homme mort,
C'est l'Epitaphe escrit tout à l'entour du bord
Du Tombeau pour memoire. On dit que Simonide
En fut premier aucteur. Or si le Sens preside
Encore aux trespassez comme il faisoit icy,
Tel bien memoratif allege leur soucy,
Et se plaisent de lire en si petit espace
Leurs noms, & leurs surnoms, leurs villes, & leur race.

SVR LE COEVR DV FEV ROY TRES-CHRESTIEN HENRY II.

PAR vne Royne où sont toutes les graces
Trois Graces sont mises dessus ce cueur,
Cœur d'vn grand Prince, inuincible
veinqueur,
Qui fut l'honneur des Vertus & des
Graces.
Toy qui les faits de ce Henry embrasses,
Ne t'esbahis, admirant sa grandeur,

A

Qu'vn peu d'espace en si peu de rondeur
Enserre vn cœur qui conquist tant de places.
Pour vn grand cœur falloit grand place aussi:
Mais l'ombre en est tant seulement ici:
Car de ce Roy l'espouse Catherine
En lieu de marbre Attique ou Parien,
Prenant ce cœur le mist en sa poitrine,
Et pour Tombeau le garde aupres du sien.

LE TOMBEAV DV FEV ROY TRES-CHRETIEN CHARLES neufiesme, Prince tres-debonnaire, tres-vertueux & tres-eloquent.

Onque entre les souspirs, les sanglots
& la rage,
La voix entre-coupée a trouué
passage!
Donque l'aspre douleur qui force
le vouloir,
A permis que ie peusse en ces vers me douloir!
Et que le seruiteur, que le malheur vit naistre,
Chantast en souspirant l'obseque de son maistre!
Hà Charles tu es mort! & maugré moy ie vy!
Ie maudis le Destin que ie ne t'ay suiui,
Comme les plus loyaux suiuoient les Rois de Perse.
O malice des Cieux! ô fortune peruerse!
Atropos est trop lente à couper mon fuseau:

Douleur, tu me deurois occire à son Tombeau.
  Dormez en doux repos sous vos tombes poudreuses
Vous Auchi, vous La-Tour, ames tres-genereuses,
Qui n'auez peu souffrir ce honteux deshonneur
De viure apres la mort du Roy vostre Seigneur.
  Ny la Religion sainctement obseruée,
Qu'il auoit dés Clouis en la France trouuée,
Ny sa douce eloquence & sa force de Mars,
Son esprit, magazin de toutes sortes d'arts,
Ny l'amour de vertu, ny son âge premiere
Qui commençoit encore à gouster la lumiere,
Ny les cris des François, ny les vœus maternels,
Ny les pleurs de sa femme au milieu des autels
N'ont sceu flechir la Mort que sa fiere rudesse
N'ait tranché sans pitié le fil de sa ieunesse.
  Les Dieux tous vergongneux du malheur aduenu,
Et de n'auoir le coup de la Mort retenu,
Ont quitté leurs maisons & leurs demeures vaines,
Comme indignes du soin des affaires humaines.
Ie faux, c'est ce grand Dieu, ce Monarque des Dieux,
Qui l'a raui d'ici pour honorer les Cieux,
Pour en faire vne Estoile en rayons cheuelüe,
Telle qu'en son viuant luy-mesme l'auoit veüe.
  Aussi bien, ô Destin, la France n'estoit pas
Ny digne de l'auoir, ny de porter ses pas:
La France à son bon Prince vne marastre terre,
Où depuis la mammelle il n'a vescu qu'en guerre,
Qu'en ciuiles fureurs, qu'au milieu des traisons.
  Il a veu de IESVS abbatre les maisons,
Profaner les Autels, les Messes sans vsage,
Et la Religion n'estre qu'vn brigandage:
Toutefois au besoin sa vertu n'a failli.

A ij

Il se vit au berceau des serpens assailli
Comme un ieune Herculin, dont il rompit la force:
Puis quand la tendre barbe au menton se renforce,
Que l'âge & la vertu s'accroissent par le temps,
Il se vit assailli des superbes Titans,
Qui combatoient ce Prince en ses propres entrailles,
Qu'à la fin il veinquit par quatre grans batailles.
 Il eut le cœur si ferme & si digne d'vn Roy,
Que combatant pour Dieu, pour l'Eglise & la Foy,
Pour autels, pour foyers, contre les Heretiques,
Et rompant par conseil leurs secrettes pratiques,
Telle langueur extreme en son corps il en prist,
Qu'il mourut en sa fleur martyr de IESVS-
 CHRIST.
 Mais s'il faut raconter tant de choses diuerses,
Tant de cas monstrueux, tant de longues trauerses
Que le Sort luy brassoit, demeurant inueincu,
Bien qu'il meure en ieunesse, il a beaucoup vescu.
 Si sa Royauté fut de peu d'âge suiuie,
L'âge ne sert de rien, les gestes font la vie.
Alexandre à trente ans vesquit plus que ne font
Ceux qui ont la vieillesse & les rides au front.
Peu nous seruent des ans les courses retournées:
Les vertus nous font l'âge, & non pas les années.
 Or ie reuiens à toy Parque qui n'as point d'yeux,
La fille de la Nuict & du lac Stygieux,
Qui seule sans merci, te plais à nous desplaire:
Tu deurois seulement tuer le populaire,
Grosse race de terre, & non celle des Rois:
Tu deurois pardonner à ce sang de Valois.
 Ou s'il est arresté que tout le Monde passe,
Tu deurois pour le moins leur donner plus d'espace,

EPITAPHES.

Et leur prester loisir, par vn meilleur Destin,
D'acheuer doucement leurs cours iusqu'à la fin,
Sans couper leur moisson auant qu'elle soit meure:
Mais contre ta rigueur personne ne s'asseure.
Ainsi les fleurs d'Auril par l'orage du temps
Meurent dedans la prée au milieu du Printemps.

A peine se fermoit le tombeau de son pere,
A peine se fermoit la tombe de son frere,
Que voy-la-ci r'ouuerte, helas! pour l'enterrer,
Et sous mesme cercueil l'esperance enserrer
De ses loyaux suiets, qui d'vne ardente enuie
Luy auoient consacré le seruice & la vie.
Ainsi en mesme place, auant que le coup soit
Repris & ressoudé, l'autre coup se reçoit.

Ah malheureux cét fois vieil Chasteau de Vincenes!
Parc, & bois malheureux, coulpable de nos peines!
En toy ce ieune Prince a fermé ses beaux yeux,
Dignes de voir tousiours la lumiere des Cieux:
Il a fermé sa bouche où sourdoit l'abondance
D'vn parler plus qu'humain emmiellé d'eloquence:
Bref où Charles est mort, qui n'a laissé sinon
Dedans le cœur des siens qu'vn regret de son nom.

Les Chouäns, les Corbeaux de sinistre presage
Volent tousiours sur toy: ta court & ton bocage
Soyent tousiours sans verdeur, & d'vn horrible effroy
Le silence eternel loge tousiours chez toy.

Dirons-nous les vertus de ce vertueux Prince?
Et l'amour qu'il portoit à toute sa Prouince?
Sa vie qui seruoit à son peuple de Loy?
Sa debonnaireté, sa croyance & sa Foy?
Son cueur contre son âge inueincu par le vice?
Ennemi des meschans, le support de iustice?

Les armes & les arts à l'egal cherissant,
Et sur tout à sa mere enfant obeyssant?
 Dirons-nous de ce Ray les desseins heroïques?
Et son experience aux mestiers politiques?
Dirons-nous son esprit ingenieux & pront?
Et que plus il cachoit qu'il ne monstroit au front?
Dirons-nous sa douceur à nulle autre seconde?
Suiet qui lasseroit vne plume feconde,
Tant il estoit de grace & d'honneur reuestu.
 Vne telle moisson abondante en vertu
Se perdroit sans profit à l'oubli dispersée,
Si la Muse ne l'eust quelque peu r'amassée:
Ainsi qu'vn laboureur apres qu'il voit, helas!
Ses espics par l'orage atterrez contre-bas,
Souspirant son malheur tout le champ il ratelle,
Et en lieu d'vn grand nombre amasse vne iauelle,
Et toutefois ce peu en vaut vn million,
Qui par l'ongle nous fait cognoistre le lion.
 Charles, escoute moy, si le Tombeau qui serre
Tes os, n'empesche point de m'ouyr, sous la terre.
O trois fois grand esprit heureux entre les Dieux,
Estoile des François, tu dois estre ioyeux
D'auoir payé ta debte au giron de ta mere,
Et de n'estre couuert d'vne terre estrangere.
Tu es mort en ton lict entre les bras des tiens,
Tu es mort desdaignant les Sceptres terriens,
Aspirant tout à Dieu de faict & de pensée:
Vn regret te blessoit, c'est de n'auoir laissée
Ta prouince en repos, que les Dieux despitez
Tourmentent si long temps pour nos iniquitez.
 Ici pleuroit ta mere, ici pleuroit ta femme,
Qui tristes r'amassoient le reste de ton ame

EPITAPHES.

Erraut dessus ta bouche, & les yeux te fermoient,
Te regardoient passer, & à longs traicts humoient
Ta vie & ton esprit maugré la Mort voisine,
Pour en lieu d'un Tombeau, les mettre en leur poitrine.
   Et si la sainte Loy des Chrestiens l'eust permis,
De larmes tout moüillez coupez ils eussent mis
Leurs cheueux entournez d'odorante verdure,
De Myrte & de Laurier dedans ta sepulture.
   Mere, ne pleure plus, il te faut asseurer:
Si seule tu estois exempte de pleurer,
L'Empire de Fortune auroit moins de puissance,
Qui veut egalement de tous obeyssance.
   Auienne que le Ciel t'eslargisse les ans,
Que cruel il desrobe à tes ieunes enfans,
Pour les adioindre aux tiens, à fin que mainte année
La France par tes mains demeure gouuernée.
   Toy fille d'Empereur, espouse de ce Roy,
Au milieu de tes pleurs, patiente, reçoy
La consolation de la misere humaine,
C'est qu'à la fin la Mort toutes choses emmeine:
Et que mesme le Ciel, qui fait mourir les Rois
Et perir un chacun, perira quelquefois.
   Et toy Duc d'Alençon, en qui ce siecle espere,
François digne du nom de François ton grand pere,
Le frere de nos Rois, sois fort en ce malheur:
Le temps, & non les pleurs soulage la douleur.
   Et toy diuin Esprit, qui la France regarde,
Qui as soin de ses maux & la prens sous ta garde,
Comme Astre des Valois, pour tousiours luy verser
Vn bon-heur, & iamais, heureux, ne la laisser,
Resiouys toy là-haut & sereines ta face,
Dequoy Castor ton frere est regnant en ta place,

A iiij

Qui par succession est maistre de ton lieu:
Vn Dieu doit heriter à l'Empire d'vn Dieu.
Et quand il ne seroit heritier de l'Empire,
Pour ses rares vertus on le deuroit eslire:
Car il est vn Cesar aux armes le premier,
A qui Mars a planté sur le front le Laurier.
 Et reçoy, s'il te plaist, pour durable memoire
Ces souspirs tels qu'ils sont, que i'appens à ta gloire,
Et ne sois offensé d'vn si mauuais escrit:
La douleur par ta mort m'a desrobé l'esprit.

Sonet de luy-mesme.

Comme vne belle fleur qui commençoit à
  naistre,
 Que l'orage venteux a fait tomber à
  bas,
 Ainsi tu es tombé sous le cruel trespas,
O malice des Cieux! quand tu commençois d'estre.
 De souspirs & de pleurs il conuient me repaistre,
Te voyant au cercueil, helas! trois fois helas!
Helas! qui promettois qu'vn iour par tes combas
Ton Empire seroit de tout le Monde maistre.
 L'honneur & la vertu, la Iustice & la Foy,
Et la Religion sont mortes auecq' toy:
La France t'a pleuré, les Muses & les Armes.
 Adieu, Charles, adieu, du Ciel Astre nouueau:
Tandis que ie t'appreste vn plus riche Tombeau:
Pren de ton seruiteur ces souspirs & ces larmes.

EPITAPHES.

Carolus in terris terrarum gloria vixit
Maxima, Iustitiæ magno & Pietatis amore:
Nunc idem cœlo viuens est, gloria cœli,
Quò se Iustitiæ & Pietatis sustulit alis.

A M. ARNAVLT SORBIN PREDICATEVR DVDIT feu Roy Charles IX. Euesque de Neuers.

SONET.

Vl ne deuoit pleurer la mort d'vn si bon Roy,
Que toy qui cognoissois la bonté de sa vie:
De tō Prince la mort à la mort as rauie,
Qui en terre & au Ciel vit maintenant par toy.
Il vit aupres de Dieu, sans flechir de la Loy
Qu'ici tu luy preschas, laquelle il a suiuie
Pour meriter au Ciel la palme desseruie,
Tout vestu d'habit blanc, enseigne de sa Foy.
Le bon pleure le bon, le seruiteur le maistre:
Rendant l'ame en tes bras, constant tu le vis estre
D'esprit sans regretter son Sceptre terrien.
O maistre bien-heureux! qui eus à ton seruice
Si fidele seruant, qui de trois fait l'office,
De Prescheur, Confesseur, & d'vn Historien.

A v

A luy-mesme.

SI le grain de forment ne se pourrist en
terre,
Il ne sçauroit porter ny fueille ny bon
fruit:
De la corruption la naissance se suit,
Et comme deux anneaux l'un en l'autre s'enserre.
Le Chrestien endormy sous le tombeau de pierre
Doit reuestir son corps en despit de la nuit:
Il doit suiure son Christ, qui la Mort a destruit,
Premier victorieux d'vne si forte guerre.
Il vit assis là-haut, trionfant de la Mort:
Il a veincu Satan, les Enfers & leur Fort,
Et a fait que la Mort n'est plus rien qu'vn passage,
Qui ne doit aux Chrestiens se monstrer odieux,
Par lequel est passé Charles volant aux Cieux,
Prenant pour luy le gain, nous laissant le dommage.

LE TOMBEAU DE MARGUERITE DE FRANCE,
Duchesse de Sauoye.

ENSEMBLE CELUY DE TRES-AUGUSTE ET TRES-SAINCTE memoire, François premier de ce nom, & de Messieurs ses enfans, & de ses petits fils.

H! que ie suis marry que la Muse Françoise
Ne peut dire ces mots comme fait la Gregeoise,
Ocymore, dyssotme, oligochronien:
Certes ie les diroi du sang Valesien,
Qui de beauté, de grace, & de lustre resemble
Au Liz qui naist, fleurist, & languist tout ensemble.
 Ce Monarque François, François premier du nom,
Nourrisson de Phœbus, des Muses le mignon,
Qui dessous sa Royale & Auguste figure
Cachoit auec Python, les Graces, & Mercure,
Qui sçauoit les secrets de la terre & des Cieux,
Veit, ainsi que Priam, deuant ses propres yeux
(Hé qui pourroit du Ciel corrompre l'influance!)
Enterrer ses enfans en leur premiere enfance.
 Il veit (car il estoit dans le Ciel ordonné)

A vj

Trespasser à Tournon son premier fils aisné,
Qui de nom & de fait resembloit à son pere,
A qui ia la Fortune heureusement prospere
Sou-rioit d'vn bon œil, & ia dedans son sein
Comme son cher enfant l'apastoit de sa main.

   A peine vn blond duuet commençoit à s'estendre
Sur son ieune menton que la mort le vint prendre,
Ordonnant pour son pere vn camp où tous les nerfs
De la Gaule tiroient : les champs estoient couuerts
D'hommes & de cheuaux : bref où la France armée
Toute dedans vn Ost se voyoit enfermée.

   Il eut pour son sepulchre vn milier d'estandars,
De harnois, de bouclairs, de piques, de soldars :
Le Rosne le pleura, & la Saone endormie :
Mesme de l'Espagnol l'arrogance ennemie
Pleura ce ieune Prince : & le pere outrageux
Contre sa propre teste arracha ses cheueux,
Il arracha sa barbe, & de telle despouille
Couurit son cher enfant. Ah! fatale quenouille,
Parque, tu monstres bien que ta cruelle main
Ne se donne souci du pauure genre humain.

   Ainsi ieune & vaillant au printemps de ta vie,
Tu mourus, Germaniq'! quand ta mere Liuie
En lieu de receuoir vn triomphe nouueau
(O cruauté du Ciel!) ne recet qu'vn tombeau.

   Trois iours deuant sa fin ie vins à son seruice :
Mon malheur me permeit qu'au lict mort ie le veisse,
Non comme vn homme mort mais comme vn endormy,
Ou comme vn beau bouton qui se panche à demy,
Languissant en Auril, alors que la tempeste
Ialouse de son teint luy aggraue la teste,
Et luy chargeant le col le fanist contre-bas,

Ensemble prenant vie auecques le trespas.
　Ie vy son corps ouurir, osant mes yeux repaistre
Des poulmons, & du cœur, & du faye à mon maistre.
Tel sembloit Adonis sur la place estendu,
Apres que tout son sang du corps fut respandu.
　Ia trois mois se passoient, lors que la renommée
(Qui de François auoit toute Europe semée,
Sa vertu, sa iustice & son diuin sçauoir)
Poussa le Roy d'Escosse en France pour le voir:
Comme iadis Saba, qui des terres lointaines
Visita Salomon sur les riues Iourdaines.
　Ce Roy d'Escosse estoit en la fleur de ses ans:
Ses cheueux non tondus comme fin or luisans,
Cordonnez & crespez flotans dessus sa face
Et sur son col de laict luy donnoient bonne grace.
　Son port estoit Royal, son regard vigoureux,
De vertus, & d'honneur, & de guerre, amoureux:
La douceur, & la force, illustroient son visage,
Si que Venus & Mars en auoient fait partage.
　Ce grãd Prince FRANÇOIS admirant l'estrãger,
Qui Roy chez vn grand Roy s'estoit venu loger,
Son Sceptre abandonnant, sa Couronne, & son Isle,
Pour le recompenser luy accorda sa fille
La belle Madeleine honneur de chasteté,
Vne Grace en beauté, Iunon en maiesté.
　Desia ces deux grands Rois, l'vn en robe Françoise,
Et l'autre reuestu d'vne mante Escossoise,
Tous deux la Messe ouye & repeuz du sainct pain,
Les yeux leuez au Ciel, & la main en la main,
S'estoient confederez: les fleurs tomboient menuës,
La publique allegresse erroit parmy les ruës:
Les Nefs, les Gallions, les Carracons pendoient

A vij

A l'ancre dans le Hâvre, & flotant attendoient
Ce Prince & son espouse, à fin de les conduire.
   A peine elle sautois en terre du Nauire
Pour toucher son Escosse & saluer le bord,
Quand en lieu d'vn Royaume elle y trouua la Mort.
   Ny larmes du mary ny beauté ny ieunesse,
Ny vœu ny oraison ne flechist la rudesse
De la Parque qu'on dit la fille de la nuict,
Que ceste belle Royne auant que porter fruict,
Ne mourust en sa fleur: le poumon qui est hoste
De l'air qu'on va soufflant luy tenoit à la coste.
   Elle mourut sans peine és bras de son mary,
Et parmy ses baisers: luy tristement marry,
Ayant l'ame du dueil & de regret frappée,
Voulut cent fois vestir son corps de son espée.
La raison le retint, & tout ce fait ie vey,
Qui ieune l'auois Page en sa terre suiuy,
Trop plus que mon merite honoré d'vn tel Prince,
Sa bonté m'arrestant deux ans en sa prouince.
   Retourné, ie fus Page au grand Duc d'Orleans,
Le tiers fils de FRANÇOIS qui en fleur de ses ans,
Ieune, adroit, & gaillard & de haute entreprise,
Presque le Monde entier estoit sa conuoitise.
   De Charles Empereur le gendre il se vantoit:
Desia la bonne paix la terre frequentoit,
Mars s'enfuyoit en Thrace, & ce Duc pensoit estre
Desia de la Bourgongne & de Milan le maistre.
Ministre de la Paix superbe se brauoit:
La faueur de son pere & du peuple il auoit,
Nourrisson de Fortune: & ia les Rois estranges
Honoroient son Genie, & chantoient ses loüanges
   En magnifique pompe en Flandre il visita.

EPITAPHES.

Par deux fois l'Empereur, qui benin le traita:
Il luy promit sa fille, & chargé d'esperance,
De ieunesse & d'Amour, fist son retour en France.
Hà! folle ambition tu ne dures qu'vn iour!
Il fut victorieux des murs de Luxembour.
Comme vn Dieu le suiuoit vne presse importune:
Il vouloit commander à la mesme Fortune,
Maistre, celuy sembloit, du Destin & du Temps.
Il entroit à grand' peine aux mois de son Printemps,
Quand la Mort qui auoit sur sa ieunesse enuie,
Luy trancha tout d'vn coup l'esperance & la vie.
  Ce Prince à Fremontier de la peste mourut:
Sceptre ny sang Royal Charles ne secourut
(Charles estoit son nom) que la fiere Eumenide
D'vne torche fumeuse au bord Acherontide
Ne dist son Hymenée, & pour vn lict nopcier
Ne luy sillast les yeux d'vn long somme d'acier,
Ayant pour vne femme vne tombe funeste.
  O dure cruauté d'influence celeste!
O malheureux apas de grandeurs & d'honneurs!
Malheureux qui se fie aux humaines faueurs,
Et au Monde qui semble vne tempeste esmeuë!
  Seulement le Destin nous en monstra la veuë,
Puis la re-desroba: ainsi le vent destruit
L'ente quand elle est preste à porter vn bon fruit.
  Iamais le dur cizeau de la Parque cruelle
Ne trancha de nos Rois vne trame si belle:
Iamais le mois d'Auril ne veit si belle fleur,
Ny l'Orient ioyau de si belle couleur.
  Il sembloit vn Pâris en beauté de visage,
Il sembloit au Dieu Mars en grandeur de courage,
Gracieux, debonnaire, eloquent & subtil,

D'inuentions de guerre vn Magazin fertil.
 Il auoit dans le corps l'ame si genereuse,
Qu'il n'eust iamais trouué sur la plaine poudreuse
L'ennemy qu'à ses pieds il n'eust bouleuersé,
Bataille tant fust grande ou mur qu'il n'eust forcé.
 Son pere qui chargeoit tous les Cieux de priere,
En mourant luy ferma l'vne & l'autre paupiere:
Se pasma dessus luy, de larmes le baigna,
Et presque demy-mort le mort accompaigna.
 Les Roses & les Liz en tous temps puissent naistre
Sur ce Charles qui fut pres de cinq ans mon maistre.
 Des deux freres à peine estoit clos le tombeau,
Que voicy dueil sur dueil, pleur dessus pleur nouueau,
Trespas dessur trespas, misere sur misere:
Apres les enfans morts voicy la mort du pere,
Du grand Prince François, à qui toutes les Sœurs
Hostesses d'Helicon, auoient de leurs douceurs
Abreué l'estomac, à qui l'eau Castalide,
Les Antres Cyrrheans, la grotte Pieride
S'ouuroient en sa faueur: grand Roy qui tout sçauoit,
Qui sur le haut du front cent maiestez auoit
De qui la Vertu mesme honoroit la couronne,
Mourut comme il entroit au cours de son automne.
 Il fut en sa ieunesse un Prince auantureux,
Tantost heureux en guerre, & tantost malheureux,
Comme il plaist au Destin, & à celle qui meine
Tantost bas, tantost haut, toute entreprise humaine.
 Biē qu'il fust des grāds Rois le sommet & l'honneur,
Et de tant de citez & de peuples seigneur,
Qu'en son sein Amalthée espandist l'abondance:
Bien qu'il fust opulent d'hommes & de puissance,
Qu'il eust basty chasteaux & Palais à foison,

EPITAPHES.

Si est-ce qu'il mourut en estrange maison,
Laissant l'Anglois en France, & la paix mal-iurée
Auecques l'Empereur de petite durée.

  HENRY son second fils & son seul heritier,
Vint apres, qui suiuant des armes le mestier,
Se fist aimer des siens, & redouter par force
En Escosse, Angleterre, en Toscane, & en Corse:
Il fut vn second Mars, & le Ciel l'auoit fait
Pour se monstrer en guerre vn Monarque parfait.
  Nul ne picquoit si bien le long de la campagne
Ou le coursier de Naple, ou le genet d'Espagne:
Vn Castor en cheuaux, vn Pollux il estoit
Au mestier de l'escrime, il saultoit, il luttoit,
Et nul ne deuançoit ses pieds à la carriere,
Et nul ne combatoit si bien à la barriere,
Soit qu'il fust en pourpoint ou vestu du harnois.
  Il reconquist Calais, il serra les Anglois
En leur rempart de mer, il campa sur la riue
Du Rhin, & deliura l'Alemagne captiue:
Il força Thionuille, & gaigna Luxembour,
Mommedis, Damuilliers, & les Forts d'alentour:
Il consuma sa vie aux trauaux de la guerre,
Conuoitant ceste terre, & tantost ceste terre.
Il sembloit à Pyrrhus hazardeux à la main,
Qui tousiours enfiloit dessein dessus dessein:
Mais la face de Mars n'est pas tousiours certaine.
Car bien qu'il fust en guerre vn parfait Capitaine,
Qu'il eust la force au bras & le courage au cœur,
Il fust tantost veincu, & tantost fut veincueur.
  Voulant auitailler la Picarde muraille
Du foible sainct Quentin, il perdit la bataille,
Où tout le sang François fut presque respandu.

Feit vne paix contrainte, apres auoir rendu
En vn iour le Piemont (ô chances mal-tournées!)
Et tout ce que conquist son Pere en trente années,
Le labeur & le sang de tant d'hommes guerriers.

   Ia l'Oliuier tenoit la place des Lauriers
Aux portaux attaché: au croc pendoient les armes,
Et la France essuyoit ses plaintes & ses larmes.

   Ia le Palais estoit pour la nopce ordonné,
Le Louure de l'Hierre & de Buis couronné:
Desia sa fille au temple espouse estoit menée,
On n'oyoit retentir que la vois d'Hymenée,
Hymen Hymen sonnoit par tous les carrefours:
Par tout on ne voyoit que Graces & qu'Amours,
Mars banny s'enfuyoit aux regions barbares,

   Quand entre les clerons, trompettes & fanfares,
Au milieu des tournois au chef il fut blecé,
Ayant l'œil gauche à mort d'vne lance percé:
Spectacle pitoyable! exemple que la vie
De cent maux impreueux fragile est poursuiuie,
Puis qu'vn Roy si puissant d'Empire & de hauteur
En iouant est tué par vn sien seruiteur.

   Ainsi mourut HENRY *(car toute chose passe)*
Qui de bonté, beauté, prouësse, & bonne grace
Surmontoit tous les Rois: mais le Ciel endurcy
Non plus que de bouuiers des Princes n'a soucy.

   Il sentit pour le moins ce plaisir en son ame,
Qu'il mourut dans le sein de sa pudique femme,
Et qu'il veit en son lict presque pasmez d'ennuy
Tous ses petits enfans larmoyer pres de luy.
Ie le serui seize ans domestique à ses gages,
Non ingrat luy sacrant mes plus gentils ouurages:
Ie n'ay sceu prolonger sa vie, mais i'ay sceu

EPITAPHES.

Allonger son renom autant que ie l'ay peu.
FRANÇOIS son premier fils, à qui la barbe tēdre
Ne commençoit encore au menton qu'à s'estendre,
Tint le Sceptre apres luy, Prince mal-fortuné,
Qui se veit presque mort si tost qu'il se veit né.
Il fut dixhuict mois gouuerneur de l'Empire.
Le peuple outrecuidé qui tous les iours empire,
Empesté d'heresie, & de nouuelle loy,
Arma sa faction contre ce ieune Roy.

Assemblant ses Estats pour corriger le vice
Des Nobles, des Prélats, du Peuple & de Iustice,
Et punir les mutins qui s'osoient esmouuoir,
Et contenir la France en son iuste deuoir:
O cruauté du Ciel! ô estrange merueille!
Voicy ce Prince mort d'un caterre d'oreille,
Laissant ieunesse & vie, & son peuple troublé,
Et le sceptre Escossois au François assemblé,
Et sa ieune espousee en plainte douloureuse.
O Dieu que ceste vie est courte & malheureuse!

(ELIZABEL sa sœur, que d'une estroite foy
Son pere auoit conjointe au magnanime Roy
Qui du peuple Espagnol les brides lasche & serre,
A vingt ans se couurit d'un sepulchre de terre,
Dans vn mesme bateau passant à l'autre bord
Sa beauté, sa ieunesse, & sa vie & sa mort.)
Conforte toy grand Roy, la sentence est donnée
Que la Parque est la fin de toute essence née.

CHARLES son second frere apres luy succeda,
Qui en dure saison le Sceptre posseda:
En pleurant il vestit sa dignité Royale,
Comme presagiant sa fortune fatale,
Car si tost qu'il fut Roy (il le fut à dix ans)

La peste des meschans seducteurs mesdisans,
La licence du peuple, & la fureur des villes
Troublerent son Estat de cent guerres ciuiles.
Comme vn terrible orage esleué par le vent,
Qui trouble en boursouflant, tournoyant, & mouuant
La mer vague sur vague en tortis retrainée,
Ou comme vne Megere aux enfers dechainée,
Tout se rua sur luy. Le Soleil de despit
Abominant la Terre, en vestit noir habit:
Il se rouilla la face, & la Lune argentée
De taches eut long temps sa corne ensanglantée:
La Seine outre ses bords sa rage deslia,
La nourrice Cerés son bled nous denia,
Le bon Pere ses vins, & Palés son herbage,
Et le sel si commun nous nia son vsage:
La famine & la guerre & la peste ont monstré
Que Dieu auoit son peuple en fureur rencontré.

 Ce Roy presques enfant vit sa France allumée,
Et ville contre ville en factions armée,
D'hommes, & de conseil, & de tout indigent:
Il veit manger son peuple & voler son argent,
Il veit sa Majesté seruir d'vne risée,
Il veit de cent broquars sa mere mesprisée,
Il se veit dechassé de ses propres maisons,
Il veit les Temples saincts, le lieu des oraisons,
Autels & Sacremens n'estre qu'vne voërie,
La raison renuersee, & regner la furie.

 Par quatre grands combats veinquit son ennemy:
Mais vn feu de rancune alloit si bien parmy
Le peuple forcené, que morte vne querelle,
Vne autre d'autre part sourdoit toute nouuelle:
Ainsi vn feu d'esmorche à l'autre feu se prend,

Que plus on pense esteindre, & plus il se respend.
 Ie me trouuay deux fois à sa royale suite
Lors que ses ennemis luy donnerent la fuite,
Quand il se pensa voir par trahison surpris
Auant qu'il peust gaigner sa cité de Paris.
Meschante nation, indigne indigne d'estre
Du sang Hectorean, d'ainsi trahir ton maistre!
Peuple vrayment Scythique, ennemy de repos,
Et bien digne d'auoir pour ancestres les Goths.
 Ia de ce ieune Roy la dure destinée
S'estoit en sa faueur plus douce retournée:
Ia son siecle en vertu se faisoit tout nouueau,
Quand d'vn rheume panthois, fonteine du cerueau,
Qui d'vn flot caterreux s'estoit entre-suiuie,
Luy pourrist les poumons, souflets de nostre vie,
Despouillant le manteau de son humanité
A l'heure qu'il entroit en sa felicité.
Ainsi le marinier, creancier de Neptune,
Prest à payer les vœux qu'il deuoit à Fortune,
Ia saluant de l'œil sa maison & le bord,
Se perd, & sa nauire entrant dedans le port.
 Il fut quatorze ans Roy, & en l'an de son âge
Vingt & quatre il paya de Caron le naulage.
 Iamais esprit si beau ne si bon que le sien
N'alla sous les Lauriers du champ Elysien:
Iamais ame si saincte & en tout si parfaite,
Compagne des Herôs là bas ne se fust faite,
S'il eust eu le loisir de monstrer aux humains
La force qu'il auoit & au cœur & aux mains.
 Il fut Prince bien-né courtois & debonnaire,
D'vn esprit prompt & vif, entre doux & colere:
Il aima la Iustice, eloquent, & discret,

Saturnien au reste à cacher son secret:
Contre les importuns il se seruoit de ruses,
Et sur tout amateur des lettres & des Muses.
 Quatorze ans ce bon Prince, alegre ie suiuy:
(Car autant qu'il fut Roy, autant ie le seruy)
Il souloit pour plaisir mes ouurages relire,
Et souuent sa grandeur daignoit bien me rescrire,
Et ie luy respondois, m'estimant bien-heureux
De me voir assailly d'vn Roy si genereux.
Ainsi Charles mourut des Muses la defense,
L'honneur du genre humain, delice de la France.
 FRANÇOIS Duc d'Aleçon son frere meurt apres
Qui la France couurit de funestres cypres,
Car la guerre qui fut bien loing de nostre porte
Entra dans la maison & la troubla, de sorte
Que mille factions secrettes se couuoient
Et postes & pacquets destroussez se trouuoient.
 Les villes grommeloient, & vouloient les villages
Secouër de leur col le dur Ioug des truages,
Et le faix des tributs, Douanes & impos
Fardeaux demesurez qui acabloient leurs dos,
Le sel don de la Mer, Saline de Neptune
Fut vendu cherement à la pauure commune
Sur le Bled sur le Vin tailles on imposa
La France toute en peur depuis n'en reposa,
Chacun se deffioit ainsi qu'on se deffie
Quand vn Prince sans hoirs & sans masles deuie.
 D'vn Royaume tombé chacun veut son loppin
L'vn prend commencement de l'autre qui prent fin
En moins de six cens ans tout Empire se change,
Le temps est nostre pere, & le temps nous remange.
Vn Saturne affamé, il faut luy obeïr

EPITAPHES. 23

Seruir à la Nature & non pas la hair,
Qui blasme la Nature il blasme Dieu supreme
Car la Nature & Dieu est presque chose mesme,
Dieu commande par tout comme Prince absolu
Elle execute, & faict cela qu'il a voulu,
Son ordre est vne chene aimantine & ferrée
Qui se tient l'vne à l'autre estroictement serrée.
    Il fut tres-magnanime & vertueux guerrier
Qui ieune d'ans ceignoit sa teste de Laurier,
Combattant pour l'honneur & pour borner la France
Aux riues de son Rhin : ah en sortant d'enfance
La parque le rauit : ah qui n'eut pas loisir
D'acheuer iusques au bout sa trame à son plaisir :
Car venant à fleurir les Destins trop contraires
Le feirent compagnon du Tombeau de ses freres,
Il eut quatre Duchez mais ny sang ny Duchez
N'ont veu des Parques Sœurs les cyseaux rebouchez.
    O Dieu dont la grandeur dedans le Ciel habite,
Garde d'vn œil soigneux la belle Marguerite
Qui tient des Nauarrois le sceptre en sa vigueur.
Ha ! Mort, tu n'as point d'yeux ny de sang ny de cœur,
Et sourde tu te ris de nostre race humaine.
La fille de HENRY, Duchesse de Lorraine,
Apres ses freres morts sur-viure n'a voulu :
En lieu de ceste terre elle a le Ciel esleu,
Des Astres la compaigne & des ames plus saintes,
Laissant son ieune espoux en larmes & en plaintes.
    Il ne restoit plus rien du germe tout diuin
Du premier Roy FRANÇOIS (car desia le Destin
Et la cruelle Parque en auoient fait leur proye)
Que Marguerite seule, honneur de la Sauoye
Celeste fleur-de-Lis, quand le Sort enuieux

Pour appauurir le Monde en enrichit les Cieux.
 Que n'ay-je le sçauoir de l'escole Romaine,
Ou la muse des Grecs? comme un Cygne qui meine
Son dueil dessus Meandre, en pleurant ie dirois
La belle Marguerite, & ses faicts i'escrirois.
 Ie dirois que Pallas nasquit de la ceruelle
Du Pere Iupiter, qu'elle Pallas nouuelle
Sortit hors du cerueau de son pere FRANÇOIS,
Le pere des vertus, des armes, & des lois.
 Ie dirois qu'elle auoit l'Escu de la Gorgonne,
Que l'homme qui sa vie aux vices abandonne
N'eust osé regarder ny de pres approcher,
Qu'il n'eust senty son corps se changer en rocher.
 Ie dirois (tout ainsi que la mere Eleusine
Sema les champs de blez,) qu'elle toute diuine
Nourrice d'Helicon, sema de toutes parts
La France de mestiers, de sciences, & d'arts:
Qu'elle portoit vne amie hostelliere des Muses,
Que les bonnes vertus estoient toutes infuses
En son corps heroique, & quand elle nasquit,
Les Astres plus malins plus forte elle veinquit,
Et que le Ciel la feit si parfaite & si belle,
Que pour n'en faire plus en rompit le modelle,
Ne laissant pour exemple aux Princesses sinon
Le desir d'imiter le vol de son renom.
 Qu'on graue sur sa tombe vn blanc portrait d'vn
  Cygne,
A fin que d'âge en âge aux peuples il soit signe
Que la mere elle estoit des Muses, & aussi
Des hommes qui auoient les Muses en souci.
 Se plante à son Tombeau la viue Renommée
Ayant la trompe en bouche & l'eschine emplumée,

EPITAPHES.

Cent oreilles, cent yeux, cent langues & cent vois,
Pour chanter tous les iours, tous les ans, tous les mois,
De la morte, au Passant la gloire & le merite,
En criant: Si tu lis la belle Marguerite,
En qui tout le Ciel meit sa plus diuine part,
Tant de fois rechantée és œuures de Ronsard,
Qui fut en son viuant si precieuse chose,
Sçache que sous ce marbre en paix elle repose:
Sa cendre gist icy: & pource, Viateur,
Sois de son Epitaphe en larmes le lecteur:
Baise sa tombe sainte, & sans souspirs ne passe
Des neuf Muses la Muse & des Graces la Grace.
 Pour marquer sa grandeur puissent à l'auenir
Les rochers de Sauoye en succre deuenir,
En canelle les bois, les torrens en rosée,
Et que sa tombe en soit en tous temps arrosée,
Et que pour signaler de son corps la valeur,
Y naisse de son nom & la perle & la fleur.
 Ie veux, pour n'estre ingrat à sa feste ordonnée
(Qui reuiendra nouuelle au retour de l'année)
Comme vn antique Orphée en long surpelis blanc
Retroussé d'vne boucle & d'vn nœud sur le flanc,
Chanter à haute voix d'vne bouche immortelle
L'honneur & la faueur qu'humble i'ay receu d'elle,
Côme elle eust soin de moy pour l'honneur que i'auois
De seruir ses nepueux, mes maistres & mes Rois.
 Ie diray que le Ciel me porte trop d'enuie
De me faire trainer vne si longue vie,
Et de me reseruer en chef demy-fleury,
Pour dresser les tombeaux des Rois qui m'ont nourry.
 Ie diray que des Grands la vie est incertaine,
Que fol est qui se fie en la faueur mondaine,

B

Vn ioüet de Fortune, vne fleur du Printemps,
Puis qu'on voit tant de Rois durer si peu de temps.
 PIBRAC, grand ornement de la bande pourprée,
Encores qu'au Palais en la Chambre dorée
Deuant les Senateurs tu ais fait esbranler
Le cœur des auditeurs par ton docte parler,
Sans t'esbranler toy-mesme, estonnant l'assistance
Des foudres qui tomboient de ta viue eloquance:
 Encores que ta voix ait fait plier sous toy
Les Sarmates felons haranguant pour ton Roy,
Sans iamais t'esmouuoir de tristesse ou de ioye:
Tu ne liras pourtant ces vers que ie t'enuoye,
Sans t'esmouuoir, PIBRAC, & peut estre pleurer,
Quand tu verras des Grands l'estat si peu durer:
Vn vent, vn songe, vn rien, & que la Parque brune
Sans espargner personne, à chacun est commune.

EPITAPHE DE FRANCOIS
de Bourbon, Comte d'Anguien.
STANCES.

'Homere Grec l'ingenieuse plume,
Et de Timant' les animez tableaux,
Durãt leurs iours auoient vne coustum̃
D'arracher vifs les hommes des tom-
 beaux:
 Ie vous dy ceux qu'il leur plaisoit encore
Resusciter en despit de leur nuit
Obliuieuse, ores par l'encre, & ores

EPITAPHES.

Par la couleur eternisant leur bruit.

　Mais telles gens deuoient leur second viure,
L'vn au papier, l'autre à la toile, & non
A la vertu, qui sans l'aide d'vn liure
Ou d'vn tableau, eternise son nom.

　Ta vertu donc seule te sert de tombe
Sans mendier ne plume ny outils:
Car ton renom qui par la mort ne tombe,
Vit par dessus cent viuans inutils.

　Donque du temps la force iniurieuse
Ne rompt l'honneur que tu t'acquis, alors
Qu'Enyon vit ta main victorieuse
Tout le Piémont couurir presque de mors:

　Et que le Pau te vit dessus sa riue
Rester veinqueur par vertueux effort,
Ayant pendu la despouille captiue
Du vieil Marquis pour trophée à son bort.

　Apres auoir tant de gloires belliques
Mises à chef par le vouloir des Dieux,
Icy la Mort mist en paix tes reliques,
Quand ton esprit fut citoyen des Cieux:

　Qui seruiront d'exemple memorable
Et d'aiguillon à la posterité,
Pour imiter ta loüange durable,
Et le Laurier que tu as merité.

B ij

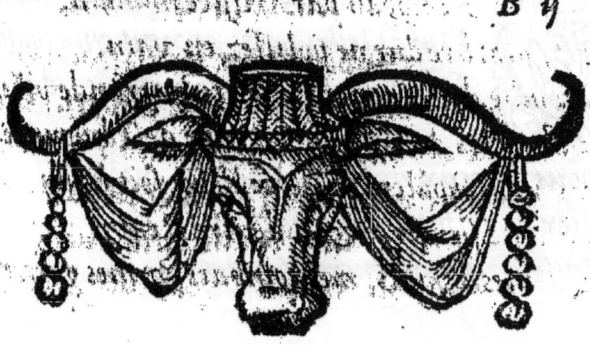

PROSOPOPEE DE FEV François de Lorraine, Duc de Guise, tres-vertueux Prince, & tres-excellent Capitaine.

Moy qui ay conduit en France tant d'armées,
Issu de ces vieux Rois des terres Idumées,
A moy qui dés ieunesse aux armes ay vescu,
Des ennemis veinqueur, & non iamais veincu:
A moy qui fus la crainte & l'effroy des batailles,
Qui prins & qui garday tant de fortes murailles,
A moy qui eus le cœur de proüesse animé,
A moy qui ay l'Anglois en sa mer renfermé,
A moy qui ay fait teste aux peuples d'Alemagne,
A moy qui fus l'horreur de Naples & d'Espagne,
A moy qui sans flechir d'vne inuincible foy
Fu seruiteur de Dieu, de France, & de mon Roy,
A moy de qui le nom au Monde se voit estre
Tel qui ne peut iamais augmenter ny decroistre,
Ne dressez vn Tombeau par artifice humain,
Et tant de marbre dur ne polissez en vain.
Pour tombe dressez-moy de Mets la grande ville,
Les grands murs de Calais, & ceux de Thionuille,
Et dessus mon sepulcre en deux lieux soit basty
Dreux à costé senestre, & à dextre Renty,
Grauez-y mes assauts, mes combats & mes guerres,

EPITAPHES.

Fleuues, Forests, & Monts, Mers, Câpaignes, & Terres,
Qui tremblerent sous moy : & des peuples veincus
Pendez-y les harnois, les noms, & les escus:
Puis à fin que ma gloire icy viue accomplie,
Assemblez sur mon corps la France & l'Italie,
Et toutes ces Citez qui sentirent les coups
De ma dextre inueincue, & m'enterrez dessous.
  Ie veux pour mon sepulchre vne grande Prouince,
Qui fus vn grand guerrier, vn grand Duc, vn grand
    Prince:
Car vn petit Tombeau n'est pas digne d'auoir
Celuy qui l'Vniuers remplit de son pouuoir.

EPITAPHE DE FEV Monsieur d'Annebault.

L'Homme seroit vn demy-Dieu par-
    fait,
Si le grand Dieu en naissant l'auoit
    fait
Côtre la Mort immortel, sans le faire
Si tost mourir pour son œuure desfaire:
Ou bien si Dieu ne le vouloit ainsi,
Il deuoit mettre vn rocher enduruy,
Ou de l'aimant, ou quelque fer bien large
Autour de l'homme, ainsi qu'vne grand' targe,
Telle qu'auoit Gorgon pour l'empierrer,
Elle & son dard venant nous enferrer.
  Helas! pourquoy le maistre de Nature,

B iij

Dieu createur de toute creature,
Voulut loger en si fresle maison
Vne si haute & divine raison?
Pourquoy fist-il de si petites veines,
Si petits nerfs, peaux si foibles & vaines,
Pour enfermer nos courages dedans
Et nos esprits si prompts & si ardans?
 Ou bien du tout il ne devoit pas mettre
Tant de courage, ou il devoit permettre
Que nostre corps fust plus fort & plus dur
Pour resister, que le rempart d'un mur.
 Cruel Destin! qui nos âges desrobes,
Quand les serpens ont devestu leurs robes,
Auec la peau ils despouillent leurs ans.
 Quand au Printemps les iours doux & plaisans
Sont retournez, en mille & mille sortes
On voit sortir les fleurs qui sembloient mortes,
Les bois coupez reverdissent plus beaux:
Mais quand la Parque a tranché nos fuseaux,
Sans plus iouyr du seiour de ce Monde
L'homme là-bas s'en-va boire de l'onde
Du froid Oubly, qui sans esgard ny chois
Perd en ses eaux les bergers & les Rois.
 Cruelle Mort! sans yeux ny cœur, Déesse!
Si tu prenois seulement la vieillesse,
Laissant meurir les hommes qui n'ont pas
Encor besoin de sentir le trespas:
Làs! tu aurois moisson assez fertile
Prenant à toy la vieillesse inutile:
Mais ne voulant aux ieunes pardonner,
Le nom de Tigre on te peut bien donner.
 En cent façons meurdriere, tu consommes

Ore la vie, ore les biens des hommes:
» Mais en mourant l'homme a bien combatu
» Toy & ta faulx, qui meurt pour la vertu,
Comme cestuy qui de braue entreprise
A soustenu son Prince & son Eglise:
C'est Annebault du Dieu Mars tant chery,
Qui ieune estant sous son pere nourry,
Qui lors estoit grand Admiral de France,
Suiuoit hardy les armes dés enfance:
Et outre l'âge a vestu le harnois,
Sacrant sa vie à l'honneur de nos Rois.

La barbe encor, fleur de ieunesse tendre,
Ne commençoit sur sa ioüe à s'estendre,
Que Capitaine il fut en tous dangers
Ayant sous luy deux cens cheuaux legers.

Puis en croissant & en âge & en armes,
Fut conducteur de cinquante hommes d'armes,
Monstrant par tout combien Mars l'estimoit,
Qui sa ieunesse aux combats animoit:
Car de frayeur n'eut oncques l'ame attainte,
Et ne sçauoit quelle chose est la crainte,
S'estant trouué d'un cœur vaillant & haut
En maint combat, mainte alarme & assaut.

Quand l'Espagnol tout enflé de parolles
Vint assaillir nostre camp à S'rizolles,
Et que la France ensanglanta ses mains
Des Espagnols & du sang des Germains,
C'est Annebault monstra lors sa vaillance
Et le deuoir qu'il deuoit à la France:
Car bien qu'il fust d'vne fiéure assailly,
A tel besoin n'eut pas le cœur failly,
Ainçois armé d'honneur & de proüesse

B iiij

L'espée au poing ouurit en deux la presse.
　　Lors saccageant, tuant, & foudroyant
(Comme vn torrent de neiges ondoyant
Gaste les bleds d'vne verte campagne)
Perdit sous luy les plus vaillans d'Espagne,
Et tellement poursuiuit son bon-heur,
Qu'il eut pour luy la plus-part de l'honneur.
　　Quand la Fortune inconstante & maline
Honnit la France au camp de Graueline:
Luy conduisant l'Arriere-garde, fist
Que l'Espagnol si soudain ne desfist
Le camp François, arrestant la furie
De l'ennemy au hazard de sa vie:
　　Et si le reste eust imité son fait,
L'honneur François n'eust pas esté desfait,
Qui fut perdu par faute de le suiure.
　　Or luy voulant plus-tost mourir que viure
Honteusement, fut prisonnier, & fut
Blessé d'vn coup qu'à la teste il receut:
Paya rançon de trop grosse despense
Sans que depuis en ait eu recompense,
Tant & son bien, & son corps, & sa Foy
Estoient voüez au seruice du Roy.
　　Il a esté deux fois durant la guerre
Ostage en Flandre, & puis en Angleterre:
Il fut courtois, il fut aimé de tous,
Sage, & affable, & gracieux, & dous.
　　Les ennemis luy portoient reuerence,
Et les François estimoient sa prudence,
Et son parler qui n'estoit affecté.
　　Il n'estoit point courtizan eshonté
Ny en façons, ny en mœurs, ny en gestes:

EPITAPHES.

Il supportoit les fortunes molestes
Patiemment, tirant d'un cœur hautain
Au but d'honneur & non au bien mondain,
Ayant tousiours tout le cours de sa vie
Toute vertu pour sa guide suiuie.

 Il fut tousiours à son Prince loyal,
Et aux soldats honneste & liberal,
Et ne suiuoit (comme il disoit) la guerre
Comme beaucoup pour du bien y acquerre,
„ Mais pour l'honneur, qui est le seul loyer
„ Du cœur, qui veut aux vertus s'employer.

 Il aimoit Dieu, craignant tousiours de faire
Chose qui fust à nostre Loy contraire:
Sa conscience estoit nette & son cœur,
Il estoit né pour l'honneste labeur,
Comme ayant l'ame & l'esprit loin de vice
D'ambition, d'enuie, & d'auarice.

 Or ce Seigneur digne du rang des Preux
Mourut, helas! au combat deuant Dreux,
Quand la fureur & la ciuile haine
De nostre sang arrouserent la plaine,
Et que la France (helas! le croiras-tu
Peuple à venir) vit broncher la vertu
Des plus vaillans, & vit en nos batailles
Nos propres fers en nos propres entrailles.

 Là ce Seigneur de durable renom,
Mourant sans hoir, enseuelist son nom
Auecques soy, & non sa renommée
Qui ne sera par la Mort consommée,
Ains d'âge en âge on la verra fleurir:
„ Car la vertu ne peut iamais mourir.

E v.

EPITAPHE DE FEV ROC-
Chasteigner, Seigneur de la Roche de Posé.

Iamais ame & belle & genereuse
Alla trouuer sous la forest ombreuse
Les grands Heros, qui encore là-bas
Vont exerçant le mestier des combas:
Ceste belle ame ici iadis hostesse
D'vn si beau corps, paroist entre la presse
De ces grans Preux, & se sied au milieu
Estant assise entre-eux ainsi qu'vn Dieu.
 Quant à son corps, il fut de telle race,
Qu'en noble sang personne ne le passe:
Il fut si beau, si gaillard & parfait,
Que la Nature au monde l'auoit fait
Pour vn portrait de beauté toute pleine
De courtoisie & de douceur humaine.
 Il eut le cœur si chaud & genereux,
Que dés enfance il fut cheualeureux,
Estant si preux, que Mars en eut enuie,
Voulant cent fois luy desrober la vie:
Car il sçauoit qu'vn si vaillant bon-heur
Effaceroit à la fin son honneur.
 A peine estoit en sa premiere enfance,
Que sous François grãd Monarque de France
Premier du nom, hayssant le repos
Faisoit craquer la cuirace à son dos.

Et poudroyant sous ses pieds la campagne,
La pique au poing s'opposoit à l'Espagne.
　Quand la ieunesse eut enflamé son cueur
D'vn sang plus chaud, suiuit le camp veinqueur
Du Roy Henry : lors aimé de Bellonne
Fut des premiers à recouurir Boulongne,
Où son cheual à la mort fut blessé
D'vn coup de plomb par l'ennemi poussé.
　Pareil malheur receut à la Mirande,
Quand luy vaillant poussa toute sa bande
Sur l'ennemi, où perdant son cheual
Victorieux reuint sans auoir mal.
　Là secourant ceste ville assiegée,
Ayant sa main de sa targue chargée
En guerroyant receut par grand mechef
Vn coup de plomb qui luy naura le chef
Auprès la temple, & si fort la tempeste
De ce plombet luy gresla sur la teste,
Que son armet tout à plat luy froissa,
Et demi-mort à bas le renuersa.
Au mesme siege estant fait Capitaine
De gens de pied, pour sa premiere peine
(Faisant fuyr son ennemi tres-fort)
Gaigna le Chef, les viures & le Fort,
Ayant rompu l'os de la iambe dextre
D'vne mousquette : à peine pouuoit estre
Guery du coup, que luy braue guerrier
Sus l'ennemi s'eslança le premier,
Où son cheual au milieu de la guerre
Mort estendu mordit la froide terre.
　Estant d'Anuille en Piemont Viceroy,
Vn Espagnol trop presumant de soy

B vj

Le desfia au combat de la lance:
Où d'un grand coup cognut bien sa vaillance,
Et tellement en choquant le pressa,
Que le cheual desur luy renuersa
Pied contre-mont, tout ainsi qu'vne foudre
Qui fait broncher vn grãd Pin sur la poudre.
 Il fut apres au milieu des dangers
Fait conducteur de cent cheuaux legers
Deuant Vulpian, où prenant de sa bande
Peu de soldats par vne astuce grande,
Sortant d'vn bois leurs viures il perdit,
Et par tel fait la ville se rendit.
 Pres de Pontast en la mesme contrée
Eut d'vn plombet la cuisse gauche outrée
Presque à la Mort, fortement assaillant
Vn escadron & nombreux & vaillant,
Qui conduisoit d'vne ardante furie
Des Espagnols la grosse artillerie.
 Quand le grand Duc de Guise conduisoit
Le camp François à Naples, & faisoit
De grand effroy trembler toute l'Italie,
Il eut le poing nauré pres de Iulie.
 Aupres d'Astul des ennemis contraint,
De trois grands coups tous diuers fut attaint,
L'vn à la cuisse, au chef, à la main destre:
Lors le cheual tombant dessous son maistre
Le renuersa sur le sable estranger:
Là seul à pied au milieu du danger
Enueloppé d'vne troupe guerriere,
Sa liberté fut faite prisonniere.
 Il fut mené pour le garder expres
Au fort Aquille, & à Naples apres,

EPITAPHES.

Puis à Milan fortresse inaccessible:
Où mal-traité autant qu'il fut possible
Estoit gardé d'une dure façon,
Deux mille escus demandans pour rançon.
   Apres trois ans finis en grand' destresse,
Trompant le guet eschappa de finesse,
Si qu'en plein iour les gardes affina,
Et sans rançon aux siens s'en retourna.
   Apres estant choisi entre cent mille
Pour Lieutenant du Duc de Longueuille,
Lors que le trouble en nostre region
S'esmeut si chaud pour la Religion:
   Ce Chevalier honneur de sa Prouince,
Suiuant la part de Charles Roy son Prince,
Comme il poussoit les canons pres le mur
De Bourges, las ! vn plomb fatal & dur
Luy écraza la teste & la ceruelle,
Perdant la vie en sa saison nouuelle.
   Or toy Passant, qui viendras par ici,
Verse vn Printemps de Roses espoissi
Sur ce Tombeau, & verse maintes branches
De verds lauriers & vertes espauanches:
Puis tous les ans raconte à ton enfant,
,, Qu'vn beau mourir rend l'hôme triomphant
,, Domtant la Mort, quand la belle memoire
,, De ses vertus est escrite en histoire,
Seruant d'exemple & de publique Loy
,, Qu'vn bon suiet doit mourir pour son Roy.

                             B vij

EPITAPHE DE HER-
CVLE STROSSE, MA-
reschal de France.

E n'est pas toy, Strosse, qu'on doit
Entomber comme vne personne
Qui d'autres tiltres ne reçoit
Que les faueurs d'vne coulonne.
Les murs de tant de villes prises
Et les proües de tant de naux
Te seruiront par toy conquises,
Et de tiltres & de tombeaux.

ELEGIE, EN FORME D'E-
PITAPHE D'ANTHOINE CHA-
steigner, frere de Roch Chastei-
gner, Seigneur de la Roche
de Posé sur l'Inde.

S I quelquefois le dueil, & les griefues
tristesses,
Ont poingt le cœur des plus grands
Deesses:
Si quelquefois Thetis pour son fils lar-
moya
Lors que Pâris aux Enfers l'enuoya:
Sepulchrale Elegie à ceste heure lamente,
Et de grans coups ta poitrine tourmente.
Ah ! larmeuse Déesse, ah ! vrayment or-endroit

EPITAPHES.

Tu auras nom Elegie à bon droit.
Ce sonneur de tes vers, ce Chateigner ta gloire,
　A passé mort outre la riue noire:
Ce docte Chateigner, qui d'vn vers qui couloit
　Plus doux que miel, lowanger te souloit.
Voici l'enfant Amour qui porte despecée
　Par grand despit sa trousse renuersée,
Porte son arc rompu & sa torche sans feu:
　Leue tes yeux & le regarde vn peu
Comme il vole tout morne, & d'vne main courbée
　Noircist de coups sa poitrine plombée!
N'ois-tu ses dolens cris, & ses tristes sanglos
　Sonner menu en sa poitrine enclos?
Voy d'autre part le Ieu & les Muses pleurantes,
　Et de despit les trois Graces errantes
Comme folles crier, & Venus sans confort
　Toute pleureuse iniurier la Mort.
Puis nous sommes nommez des Dieux les interpretes,
　Leur cher soucy, & leurs sacrez Poetes!
O beaux noms sans profit! ô tiltres par trop vains!
　Puis que la Mort souille à l'egal ses mains
Dedans le sang sacré des saints Poëtes, comme
　Elle les souille au sang d'vn vilain homme!
,, Car vertu ny sçauoir ne nous retarde pas,
,,　Ny pieté vn seul iour du trespas.
Orphé, que t'a serui ta mere Calliope,
　D'auoir trainé d'vne rempante trope
Les forests apres toy? auoir parmi les bois
　De-sauuagé les Feres sous ta voix?
Line, que t'ont serui les accords de ta Lyre?
A toy Thebain, que t'a seruy de dire
D'vn parler si facond, qu'à bord faire venir

Les rochers apres toy, à fin de les vnir
Sans art, de leur bon gré, dans les murs de ta ville?
    Que t'a serui, Homere, ton beau stile?
Rien: car vous estes morts: mort est Agamemnon,
    Achille, Aiax, mais non pas leur renom:
Par les vers animez leur viue renommée
    Ne se voit point des siecles consommée.
» Les vers tant seulement peuuent frauder la mort:
    Helas! ami, quel Destin ou quel sort
Helas! s'opposa tant à ta gloire premiere,
    Qu'auant mourir ne misses en lumiere
Tes beaux vers amoureux qui chantoient à leur tour
    Et l'amer fiel, & le doux miel d'amour?
Vers, où chacun Amant recognoissoit la peine,
    Et le plaisir de l'ardeur qui nous meine
Mille fois à la vie, & fais ne mourir pas
    Mille autrefois nous rameine au trespas:
Et toutefois helas! dans ton cercueil moisie
    Gist auec toy ta belle Poësie.
Mais si mon Apollon fait mon cœur deuenir
    Assez deuin pour chanter l'auenir,
Ie iure par tes os que tandis que la France
    Estimera les vers de mon enfance,
Que tu seras loüé, & que le renom tien
    Ne perira, que perissant le mien.
Helas cher compagnon! & que ne fut ma vie
    Auecque toy d'vn mesme coup rauie?
Pourquoy ne suis-ie mort, helas! auecques toy?
    Quel fier Destin fut enuieux sur moy?
Ie fusse mort heureux d'vn mesme coup à l'heure,
    Où maintenant il conuient que ie meure
Mille fois sans mourir, tant me tourmente fort

Le souuenir de ta piteuse mort.
Las! Parque, falloit-il trencher encor la trame,
  Et d'vn plombet par force chasser l'ame
De celuy qui n'auoit vingt ans encor atteint?
  Et comme peut son estomac enceint
De tant de feux d'amour, souffrir en sa poitrine
  Vn autre feu, que celuy de Cyprine?
O Ciel cruel! ie m'esbahis comment
  Ce dur plombet ne fondit promptement,
Et que de Chateigner le sang amoureux blesme
  Ne le changea en flames d'Amour mesme.
Cruel Mars, est-ce ainsi, est-ce ainsi cruel Mars
  Que tu cheris de Venus les soldars?
Les sonneurs de Venus, qui ta Venus dorée
  Ont par leurs vers sur toutes honorée?
Tu es vn bel ami! d'ainsi faire toucher
  D'vn coup mortel son chantre le plus cher.
Mais las! que dy-ie, las! son ame est bien-heureuse
  D'auoir quitté sa vesture boiteuse
Pour s'en-voler au Ciel, sans pratiquer ici
  Plus longuement la peine & le souci.
" Heureux vrayment celuy qui ieune d'ans, s'en-volle
"   Fraudant les haims de ceste vie folle,
" Qui tousiours nous abuse, & d'vn espoir trop vain
"   Nous va pipant tousiours du lendemain.
Et toy pere vieillard de l'enfant que ie pleure,
  Resiouy toy de ton fils à ceste heure:
Car bien qu'il ne soit mort en plus meure saison
  Dessous le toict de ta propre maison:
Bien qu'il soit entombé d'vne pierre estrangere,
  Et que la main de sa piteuse mere
A l'heure du trespas ne luy ait clos les yeux,

Et qu'en blasmant la cruauté des Dieux
 N'ait cueilli de sa léure à l'entour de sa bouche
L'ame fuyante, & que dessus sa couche
 Ses sœurs aux crins espars, & ses freres pleurans
N'ayent versé des Oeillets bien-fleurans,
 N'ayent versé des Lis auec des Roses franches,
 Et du Cyprés les mortuaires branches:
Pourtant, pere vieillard, pren quelque reconfort,
 Et d'vn vain pleur ne trempe point sa mort.
,, Celuy ne meurt trop tost, n'eust-il que vigt ans d'age,
,, Qui meurt au flot du Martial orage,
Ainsi qu'a fait ton fils pour son Roy bataillant:
 Tell' mort conuient à tout homme vaillant,
Et non mourir au lict, ou dans la maison, comme
 Quelque pucelle, ou quelque coüard homme.
,, Celuy n'est point tué qui meurt honnestement,
,, Tenant au poing la pique brauement
,, Pour sauuer sa patrie, & qui voudroit attendre
,, Cent morts plustost qu'à l'ennemi se rendre.
Ton fils n'attendit point que le rempart fust pris,
 Mais & de gloire & de vaillance épris,
Dés le premier assaut occist vn Port'enseigne:
 Et comme sa despouille il leuoit pour enseigne
De sa ieune vertu, vn coup de plomb, helas!
 Sur le rempart auança son trespas,
Outre-náurant sa gorge, & pour l'honneur de France
 Dessus la fleur de sa premiere enfance
Mourut à Teroanne, & me laissa de luy
 Au fond de l'ame vn eternel ennuy,
Qui rongeard m'accompagne, & me tient imprimée
 Tousiours au cœur sa face trop aimée.
Adieu chere ame, adieu en eternel adieu:

EPITAPHES.

Soit que l'oubli te serre en son milieu
Dans les champs Elysez, ou soit que sur la nuë
  Tu sois heureuse entre les Dieux venuë,
Souuienne toy de moy, & dans un pré fleury
  Te promenant auec mon Lignery,
Parle tousiours de moy : soit que la matinée
  Ait d'Orient la clairté r'amenée,
Soit qu'il face Midi, ou soit que le Soleil
  Dans l'Ocean se deualle au sommeil,
Parle tousiours de moy : de moy par les riuages,
  Par les deserts des roches plus sauuages,
Entre les bois myrtez, ou dans un Antre coy
  Soir & matin parle tousiours de moy.
Que ton Luth babillard autre chant ne caquete
  Sinon mes vers, & de moy ton Poëte
Qui vit le cœur en dueil, souuienne toy là-bas :
  De moy qui meurt apres le tien trespas,
Sur l'herbe aupres de toy, ou sus la riue mole
  Garde moy place aupres de ton idole,
A fin que mesme place ensemble nous ayons,
  Et vifs & morts ensemble nous soyons.
Ie veux sans plus cela : car si i'estois Achille,
  Ie meurtriroy sur ta fosse cent mille
Espagnols tes meurtriers, & te feroy des jeux,
  Que d'an en an nos plus tardifs neueux
Deuots celebreroient & d'escrime & de course,
  Où pres Pose l'Inde allonge sa source.
Mais pour-autant, Ami, qu'Achille ie ne suis,
  Et que par sang uanger ie ne te puis,
Pren pren, chere ame, pren le plus de ma puissance,
  Et par mes vers pren des ans la vengeance.
Reçoy, mon cher Patrocle, au milieu de ce pré

Ce neuf Autel à ton nom consacré,
Qu'humble ie te dedie auecque ce Lierre,
  Et ce ruisseau qui par neuf fois l'enserre.
Dessus quatre gazons, sur ton vuide Tombeau
  I'espan du laict, i'espan du vin nouueau,
Me meurtrissant de coups, & couché sur ta lame
  Par trois grans cris i'appelle en vain ton ame.
Comme Achille à Patrocl', ie te tons mes cheueux
  Que d'és long temps i'auois promis en vœux
A mon fleuue du Loir, si i'eusse par ma peine
  Conduit Francus au riuage de Seine,
Qui depuis s'orgueillit de l'honneur de son nom,
  Et qui se vante encor de mon renom.
Mais voila mes cheueux, pren-les, ie te les coupe:
  Et tout ainsi qu'enclos en ceste coupe
Ie les mets pres les tiens, puissent en doux repos
  Aupres les tiens estre logez mes os.

EPITAPHE D'ANNE DVC DE MONTMORENCY, PAIR, & Connestable de France.

SI d'vn Seigneur la vertu memorable
Maugré la Mort doit estre perdurable,
S'vn grand Duc a iamais merité
D'estre immortel à la posterité:
Et si iamais vne fameuse histoire
Se doit grauer au Temple de Memoire:
C'est de celuy lequel repose ici,
Grand Connestable, Anne Montmorency,
Grand Duc & Pair, grand en tout, dont la vie
A surmonté soymesmes & l'enuie,
En consacrant (comme non abbatu
D'aucun malheur) ses faits à la vertu.
  Quiconque soit, despesche toy de lire
Tout ce discours, pour t'en retourner dire
A tes enfans les gestes & l'honneur
D'vn si vaillant & vertueux Seigneur,
A fin que d'âge en âge on le cognoisse,
Et son Tombeau pour exemple apparoisse
A tous François de ne faulser sa foy,
De craindre Dieu & mourir pour son Roy.
  Quant à sa race, il tira sa naissance
D'vne maison tres-illustre en la France,
Qui de tout temps vertueuse florist,

Et la premiere honora IESVS-CHRIST:
Montmorency ceste race est nommée,
En faits de guerre & de paix renommée,
Noble d'ayeux & bisayeux, qui ont
Tousiours porté les Lauriers sur le front.
 Or tout ainsi qu'vne riche abondance
A plus d'honneurs qu'vne pauure indigence,
Et que les prez plus luisans de couleurs
Sont les plus beaux pour leurs diuerses fleurs:
Ceste race est sur toutes la plus belle,
Race heroïque & antique, laquelle
De fils en fils (guerriers victorieux)
A son renom eleué iusqu'aux Cieux:
Grosse d'honneurs & de noms memorables,
Conceuant seule, Admiraux, Connestables,
Grans Mareschaux, & mille dignitez,
Dont les haulteurs, honneurs, autoritez,
Comme à foison communes en leur race
(Ne cedant point aux plus grandes de place)
Ont gouuerné prochaines de nos Rois,
Heureusement l'Empire des François.
Mais comme on voit entre cent mille estoiles
(Lors que la nuit a fait brunir ses voiles)
Vne planete apparoistre à nos yeux
D'vn front plus clair, d'vn feu plus radieux,
Que tout le Ciel dore de sa lumiere,
Fait vn grand cerne, & reluist la premiere:
 Ainsi ce Duc celebre a surmonté
Ceux de sa race en illustre clarté,
En grands honneurs, grands faueurs, grand courage,
En grand esprit, grand sçauoir, grand vsage,
Grand Cheualier, grand guerrier, qui a fait

EPITAPHES.

Vn cours de vie honorable & parfait:
Tel qu'il deuoit pour ses vertus attendre,
Où l'enuieux n'a trouué que reprendre.
 De cinq grands Rois grands Princes de renom
Fut seruiteur, & presque compagnon:
Tant sa prudence & vaillance honorable
Enuers les Rois le rendoit fauorable:
Mais par-sur tous fut tellement chery
Du grand Monarque inuincible Henry,
Que la faueur ne l'eust sçeu plus accroistre
Seul au sommet des faueurs de son maistre.
 François premier aux honneurs l'esleua,
Où la Fortune inconstante esprouua,
Tantost heureuse, & tantost malheureuse:
Mais de son cœur la vertu genereuse
Ne s'abaissa foible sous la douleur,
Prenant vigueur de son propre malheur.
» L'homme en naissant n'a du Ciel asseurance
» De voir sa vie en egale balance:
» Il faut sentir de Fortune la main:
» Tel est le sort de nostre genre humain.
 Ce Connestable exerceant son office,
Fist à nos Rois si fidele seruice,
Que la Iustice inique il reprima,
Et la Noblesse aux armes reforma,
Ne souffrant plus que la gendarmerie
Comme autrefois fust vne pillerie.
 A l'heresie il opposa les lois,
Par les Citez fist florir les Bourgeois,
Et par les champs les Laboureurs, de sorte
Que dessous luy toute fraude estoit morte:
Car n'offensant par ses gestes aucun,

Sa vie estoit vn exemple à chacun.

 En guerre il fut valeureux au possible,
Dur au trauail, d'vn courage inuincible,
Resolu, sage, & qui en bon conseil
N'a de son temps rencontré son pareil.

 Si qu'on doutoit en voyant sa prudence
Si dextrement coniointe à la vaillance,
Auquel estoient plus conuenans ses faits,
Ou pour la guerre, ou pour le temps de paix.

 Il eut au cœur si profondement née
L'honneste ardeur d'accroistre sa lignée
Et de la voir en grand nombre florir,
Braue aux combats, ardante de mourir
Ainsi que luy au milieu des gend'armes,
Que tous ses fils ordonna pour les armes,
Non à l'Eglise, ou au mestier de ceux
Qui sans trauail languissent paresseux.

 Sa volonté n'a point esté trompée,
Ayant ses fils tous enfans de l'espée,
Sacrez à Mars, quatre freres qui vont
Portant l'honneur du pere sur le front:
Qui tous estoient presens à la bataille
Où ce grand Duc, par ceste Sœur qui taille
Le fil humain, vit le sien detranché
A si vieil âge honorable attaché:
Fil qui serroit d'vne si blanche trame
Vn corps si fort à vne si forte ame.

 Apres auoir en sa vieille saison
Remply d'honneurs & de biens sa maison,
Riche esleué par tout moyen honneste,
Mis des Lauriers sur le haut de sa teste,
Et sage & braue entre les conquereurs,

EPITAPHES. 49

Fait teste aux Rois, fait teste aux Empereurs,
Prins & gardé mainte ville assiegée,
Esté huit fois en bataille rangée
Pour cinq grands Rois, combatant d'un grand cœur,
Ores veincu, & ores le veinqueur.
　Apres auoir de Fortune diuerse
Diuerse fois senty mainte trauerse,
N'enflant son cœur en la prosperité,
Ne l'abaissant en l'infelicité.
　Apres auoir d'vne ferme alliance
Ioinct la Sauoye & l'Espagne & la France,
N'ayant iamais en son deuoir failly
Fut toutefois de l'enuie assailly:
Comme iadis maint braue Capitaine
De la gent Grecque, & de la gent Romaine,
Qui pour auoir leur pays trop aimé,
Virent leur nom du peuple diffamé.
　Or comme on voit qu'vn bon athlete antique
Ne peut souffrir que la iouste Olympique,
Où dés ieunesse il auoit combatu,
Sans luy se passe: encor que la vertu
De son vieil corps par l'âge soit cassée,
Chaut toutefois d'vne ieune pensée,
Du croc rouillé détache son harnois,
Et va combatre au milieu des tournois:
A tout poudreux, de mourir il s'essaye,
Non de vieillesse, ains d'vne belle playe,
Par son sang mesme acquerant de l'honneur.
　Ainsi a fait ce vertueux Seigneur,
Lequel chargé de quatre vingts ans d'âge
(Plein toutefois d'vn valeureux courage)
Pour s'honorer d'vn glorieux trespas,

C

Versa son sang au milieu des combas:
Ratifiant les actes de sa vie
Par une mort d'une gloire suiuie:
,, Car volontiers par un commun accord
,, La belle vie engendre belle mort.
 Donc toy, Passant, qui as ouy les gestes
De ce mortel comparable aux celestes,
Enten sa fin, puis tu diras soudain
Que rien n'est ferme en ce cloistre mondain.
 Quand les François par ciuiles batailles
Tournoient le fer en leurs propres entrailles,
Espoinçonnez d'infernale fureur,
Ce bon vieillard s'opposant à l'erreur
Pour le secours du Roy son ieune maistre
Fist toute France en armes apparoistre,
Dressa son camp, & d'un cœur hasardeux
Pres sainct Denys se campa deuant eux,
Tout le premier marchant deuant sa bande,
Comme un grand Chef qui aux troupes commande.
 A l'aborder viuement s'eslança,
Et sur la poudre à ses pieds renuersa
Vn Cheualier, luy passant son espée
Outre le corps iusqu'aux gardes trempée.
 Lors les François deuenus furieux
Par la vertu du Duc victorieux,
Honteux de voir qu'une telle vieillesse
Faisoit rougir leur gaillarde ieunesse,
De pieds, de teste, & de glaiue pointu,
Ioignans fortune auecque la vertu,
D'un si grand hurt les ennemis presserent,
Que sans vergongne en fuite les pousserent,
Enuironnant d'une pouldre leur dos,

Le cœur de crainte, & de glace leurs oz.
  Et si la nuict (bonne mere commune)
N'eust eu pitié de si triste fortune,
Si des suiuans n'eust desrobé la main,
Et les fuyans enfermez en son sein,
Vn mesme soir par mesme destinée
Auoit finy la guerre & leur iournée.
  Comme il forçoit le front du second rang,
L'espée au poing, prodigue de son sang,
Vn qui n'osoit l'aborder en la face,
Vint par derriere, & de sa coutelace
En quatre endroits le chef luy detrancha,
Puis vn boulet dans les reins luy cacha.
Nauré à mort par vn hazard de guerre
Ce preux vieillard fut renuersé par terre,
Rouge de sang, couuert de poudre : & lors
Se fist voiler le visage & le corps,
Pour n'amoindrir aux soldats le courage,
Voyant leur Chef occis en tel orage.
  Ainsi broncha ce grand Duc des François:
Dessus luy fist vn grand bruit son harnois,
En la façon qu'aux montagnes Rifées
Tombe vn vieil Chesne ennobly de trofées,
Qui iusqu'au Ciel leuoit de toutes pars
Ses bras chargez des victoires de Mars,
Que les Pasteurs de toute la contrée
Ornoient de fleurs, comme plante sacrée.
  Puis en parlant à Sanzé son cousin,
Luy dist, Sanzé, bien-heureuse est ma fin
D'ainsi mourir : mon trespas me doit plaire,
Perdant ma vie en si beau cimetaire.
I'ay mon seruice en mourant approuué:

Dites au Roy qu'à la fin i'ay trouué
L'heureuse mort en mes playes cachée,
Que tant de fois i'auois pour luy cherchée.
　Il demandoit combien restoit de iour,
Et qu'il falloit poursuiure sans seiour
Des ennemis la victoire gaignée,
Que par son sang il nous auoit donnée.
　Il demandoit si le cruel effort
Aux autres Chefs auoit donné la mort
Ainsi qu'à luy: dites leur ie vous prie
Que d'vne brusque & ardante furie
Pour nostre Prince ils marchent en auant,
Et la victoire ils aillent poursuiuant:
Si qu'en mourant n'auoit en sa memoire
Que ces beaux mots de Victoire, Victoire.
　Ainsi constant ce bon vieillard parla:
Deux iours apres son ame s'en-vola
Aupres des Rois ses maistres, en sa place,
Laissant çà-bas vne immortelle trace,
Et vn exemple à la posterité
De ses vertus & de sa loyauté.
　Vous donques fils heritiers d'vn tel pere,
Bien que soyez en fortune prospere,
Riches d'honneur, de faueur & de bien,
Ne fendez point le marbre Parien,
Et ne fondez des Coulonnes de cuiure
Pour faire icy vostre pere reuiure:
　En lieu de marbre & de piliers diuers
Enterrez-moy vostre pere en ces vers,
Et l'honorez de nostre Poësie.
　Vne Coulonne à la fin est moisie,
Et les Tombeaux par l'âge sont dontez,

EPITAPHES.

Non pas les vers que la Muse a chantez.
　Loin de ce mort soient les pompes funebres,
Ces habits noirs, ces feux par les tenebres,
Larmes & cris: marche le corselet
Percé, sanglant, marche le gantelet,
Son morion, sa lance & sa cornette.
　Le tabourin, le fifre & la trompette
Tonnans au Ciel par differens accords
D'vn masle son marchent deuant le corps,
Et que tel bruit la Mort mesmes assomme.
　Il faut ainsi enterrer vn fort homme !
Car au milieu des Chapes & des Croix,
D'vn vaillant Duc ne sied mal le harnois:
Qui de là-haut en sa gloire infinie
Se plaist encor d'vne telle harmonie,
Comme estant mort plein d'inuincible foy,
Pour soustenir son Eglise & son Roy.

EPITAPHE DE MESSIRE
LOVYS DE BVEIL, COMTE
de Sanferre, excellent
Capitaine.

Y deſſous giſt vn Comte de San-
ſerre,
Vn preux Louys de Bueil, qui auoit
Autant de dons que Nature en pou-
uoit
Mettre en vn corps magnanime à
la guerre.
Cy giſt celuy qui ſembloit vn tonnerre
Quand de ſes Rois les ennemis trouuoit,
Que la vertu & l'honneur qu'il ſuiuoit
Firent ſans pair tant qu'il veſquit en terre.
Mais le haut Ciel, qu'homme ne peut flechir,
L'oſta du Monde, à fin de s'enrichir
De ſa belle ame à nulle autre ſeconde:
Pour ne ſouffrir qu'vn cœur ſi valeureux,
Viſt noſtre ſiecle ingrat & malheureux,
Où la vertu ne viuoit plus au Monde.

EPITAPHES.

EPITAPHE DV SEI-
gneur de Scillac.

OV soit, Soleil, que d'en-bas tu retour-
  nes
De l'Antipode, ou soit que tu seiournes
Sur nostre Monde, hé! dy moy grant
  flambeau,
Allant venant as-tu rien veu si beau,
Si valeureux, que ce corps que la terre
Mere commune en ceste Tombe enserre,
Qui deuoit luire apres le sien trespas
Là haut au Ciel, non pourrir ici bas?
  Et toy Tombeau qui durement enfermes
Cil qui ioignit les Muses & les armes,
Combien de fois as-tu la nuict ici
Ouy gemir tout desfait & transi
Le saint troupeau des Muses, & appendre,
Triste present, leurs cheueux à sa cendre?
Qui des premiers Gentils-hommes François
Sur Helicon se baigna par neuf fois,
Beut de Permesse, & par bois & campagnes
Suiuit les pas des neuf Nymphes compagnes:
Fut à leur bal sous la Lune, & soudain
De leurs beaux dons se remplit tout le sein.
  Mais Eraton sur toutes amiable,
Muse d'Amour, luy estoit agreable.
  Que diray plus? Mars le fist bon guerrier,

C iiij

Bon à cheual, au combat le premier,
Vaillant à pied, qui par trop de prouësse
Perdit la vie en la fleur de ieunesse.

   Il craignit Dieu, il honora ses Rois,
Obseruateur des paternelles lois,
Et qui iamais ne gasta sa poitrine
D'vne nouuelle estrangere doctrine:
Mais soustenant de ses peres la foy
Mourut pour Dieu, pour la France & son Roy,
Donnant exemple aux Nobles de le suiure,
Et comme il fist, de mourir & de viure.

   En l'an soixante & neuf, que France estoit
Toute troublée, & qu'vne part vestoit
D'armes son dos pour secourir son Prince,
Et l'autre part saccageoit sa Prouince,
Ne pardonnant à Temples ny Autels
(Les fiers Geans ne furent iamais tels!)

   Vn grand orage, ains plustost vne foudre
De Prouençaux plus espais que la poudre
Ou les sablons, contre leur Roy mutins,
Gastoient par tout les champs Perigordins,
Voulans leur ioindre au grand camp des Rebelles.

   Ce Preux orné de vertus immortelles
S'y opposa, & combatant il fit
Que leur camp fut d'vne part desconfit:

   Mais il tomba la sanglante victime
Du noir Pluton: bien qu'il fust magnanime
Et fort guerrier, il ne peut à la fin,
Versant son sang, euiter le Destin.

   Il eut d'vn plomb la poitrine persée,
Il eut la teste en six endroits blessée,
Mourant helas! d'vn visage ioyeux

EPITAPHES.

Dequoy son Prince estoit victorieux:
" Tant vn bon cœur qui est touché de gloire,
" Aime son Dieu, son Prince & la victoire!
Comme il estoit en ce mortel ennuy,
Vn sien soudart auisé aupres de luy:
Quand tu verras (ce luy dist) ma lumiere
Du tout esteinte en vne nuict derniere,
De mes doigts oste vn cher anneau, soudart,
Rens-le à ma Dame, & luy dis de ma part,
Baisant sa main, que par faute de vie,
Et non d'amour, plus ne sera seruie
De moy, qui tombe au fleuue Stygieux:
Jurant son front, sa bouche & ses beaux yeux
Qu'encor i'auray sus l'infernal riuage
Peint en l'esprit son nom & son visage.
Il dist ainsi, & ainsi finissant
Alla sa vie & son sang vomissant.
Il fut de noble & vertueuse race:
Il fut puisné, Scillac estoit sa place,
Iacques son nom, la Chastre son surnom,
Et n'eut horreur à trespasser, sinon
Le seul regret qu'il auoit de sa Dame,
Qui demy-mort luy renuoit en l'ame.
Baigne, Passant, son sepulchre de pleurs,
Puis verse apres vne moisson de fleurs,
Myrtes, Lauriers: car le corps qui repose
Icy dessous, ne demande autre chose,
Comme celuy qui fut en son viuant
D'Amour, de Mars, & des Muses seruant.

C v

EPITAPHE DE PHILIPPES DE COMMINES, Historien.

Entreparleurs,

Le Prestre, & le Passant.

Passant.

Velle est ceste Déesse emprainte en
ceste yuoire
Qui se rompt les cheueux à pleines
mains? Pre. L'histoire.
Pa. Et l'autre qui d'vn œil triste-
ment despité
Lamente à ce Tombeau? Pr. La simple Verité.
Pa. Ne gist point mort icy le Romain Tite Liue?
Pr. Non, mais vn Bourguignon dont la memoire viue
Surpasse ce Romain, pour sçauoir egaler
La verité du fait auec le beau parler.
Pa. Dy moy ce corps doüé de tant de vertus dines.
Pr. Philippes fut son nom, son surnom de Commines.
Pa. Fut-il riche, ou s'il fut de basse race issu?
Pr. Il fut riche, & si fut de noble sang conceu.
Pa. Que conte son histoire? Pr. Elle dit le voyage
Que fist Charles à Naple, & le bouché passage
De Fornoue ennemie, & des mesmes François
Les combats variez encontre les Anglois
Et contre les Bretons, & les querelles folles

EPITAPHES.

De nos Princes fauteurs du Comte de Charoles,
Lors que Mars quitta de la France le loz,
Et que le mont-Hery la vit tourner le doz.
Pa. Fut-il present au fait, ou bien s'il l'ouyt dire?
Pr. Il fut present au fait & n'a voulu descrire
Sinon ce qu'il a veu : ne pour Duc ne pour Roy
Il n'a voulu trahir de l'Histoire la foy.
Pa. De quel estat fut-il? Pr. De gouuerner les Princes,
Et sage Ambassadeur aux estranges prouinces,
Pour l'honneur de son maistre, obstiné, trauailler,
Et guerrier, pour son maistre, obstiné batailler.
Pa. Pour auoir ioint la plume ensemble auec la lance,
Qu'eut-il, Prestre, dy moy pour toute recompense?
Pr. Ah fiere ingratitude! il eut contre raison
La haine de son maistre, & deux ans de prison.
Pa. Quels maistres auoit-il? PRE. Philippes de Bour-
    gongne,
Le Roy Charles-huictiesme, & Louys : ô vergongne!
Vn Duc, & deux grands Rois: sa vertu toutefois
Ne se vit guerdonner ny de Duc ny de Roi.
Bien qu'ils fussent suiuis d'vne pompeuse trope,
Qu'ils eussent en leurs mains les brides de l'Europe:
Si fussent-ils peris, & leur renom fust vain
Sans la vraye faueur de ce noble escriuain,
Qui vifs hors du Tombeau, de la Mort les deliure,
Et mieux qu'en leur viuant les fait encore viure.
 Or toy quiconque sois qui t'enquestes ainsi,
Si tu n'as plus que faire en ceste Eglise icy,
Retourne en ta maison, & conte à tes fils comme
Tu as veu le Tombeau du premier Gentil-homme,
Qui d'vn cœur vertueux fist à la France voir
Que c'est honneur de ioindre aux armes le sçauoir.

C. vj.

EPITAPHE DE ARTVSE
de Vernon, Dame de
Teligny.

Y gist (qui le croira?) vne morte fontaine,
Vne fontaine non, mais vne belle Fée,
Artuse, qui laissa sa belle robe humaine
Sous terre pour reuoir dans le Ciel son
  Alphée.
  Artuse, non, ie faux, c'est toy Nymphe Arethuse,
Que de tes claires eaux la source as fait tarir,
Et tarissant n'y eut ny Charite ny Muse
Qui ne pleurast voyant ta fontaine perir.
  Et rompant leurs cheueux frapperent leurs poitrines,
Sur le haut d'Helicon languissantes d'esmoy,
Et maudissoient le iour qu'elles furent diuines,
Pour ne sçauoir mourir de douleur comme toy.
  Les Muses te vantoient la plus docte de France,
Les Charites chantoient ta simple honnesteté:
Mais tout cela se passe, & vient en decadence
Comme neige au Soleil, ou comme fleur d'Esté.
  L'onde qui distilloit de ta diuine source,
T'aduertissoit assez que tu deuois aller
Aussi tost dans le Ciel, que tu voyois ta course
Parmy les prez mondains soudainement couler.
  Or tu es morte, Nymphe, & rien en ceste terre
Ne nous reste de toy, sinon le vain Tombeau,
Ah! trop ingrat Tombeau, qui froidement enserre
Cela qui n'est plus rien & fut iadis si beau!
  Adieu belle Arethuse, ou soit que tu demeures

EPITAPHES.

Dedans le Ciel là-haut franche de nos liens,
Soit que tu sois là-bas aux plaisantes demeures
Des vergers fleurissans aux champs Elysiens:
Reçoy ces beaux Oeillets, reçoy ces Roses pleines
De mes pleurs, dont ie viens ta tombe couronner:
Les Lis & les Oeillets sont les dons qu'aux fontaines,
Comme autrefois tu fus, un passant doit donner.

EPITAPHE D'ANDRÉ Blondet, Lyonnois, Seigneur de Rocquancourt.

Tout ce qui est en ce grand Vniuers,
Est composé de deux genres diuers,
L'un est mortel, & l'autre n'a sa vie
Comme la nostre à la Mort asseruie:
Tous deux aussi possedent diuers lieux,
L'un en la terre, & l'autre habite aux Cieux.
Tout ce qui est là-haut outre la Lune,
Vit seurement, sans desfiance aucune
De voir son estre ou dissoult ou mué,
Ou son espece en autre remué:
Car tout parfait vit en toute asseurance,
Se soustenant de sa propre substance
Loin de la Mort, & bien loin du soucy,
Qui aux humains ronge le cœur icy.
Mais tout cela qui vit dessous la nuë
Et de ses pieds foule la terre nuë,
Soit les oiseaux vagues hostes de l'air,
Soit les poissons citoyens de la mer
Soit à l'escart dans les forests ramées

C vij

Des cerfs legers les grands testes armées,
Doiuent mourir: ils sont engendrez tels,
Et de la Mort sont appellez mortels.
 Mais par-sur tous l'homme qui est semblable
D'esprit aux Dieux, est le plus miserable:
Et la Raison qui vient diuinement,
Luy est vendue vn peu trop cherement.
 A tout le moins si Nature honorable
Eust ordonné d'arrest irreuocable
Que les meschans mourroient tant seulement,
Viuans les bons perpetuellement:
Quelque confort auroit nostre misere,
Et la Nature à bon droit seroit mere.
Mais quand on voit les meschans si long temps
Viure gaillards au terme de cent ans,
Sans amender leur malice premiere,
Et quand on voit les bons ne viure guiere:
L'humanité de l'homme soucieux
De s'enquerir, en accuse les Cieux.
 Las! qui verroit dans vn gras labourage
Tomber du Ciel le malheureux orage,
Qui d'vne gresle & d'vn vent iusqu'au fond
Perdroit les bleds qui ia grandets se font
Tous herissez d'espics, où la semence
A se former à quatre rangs commence,
Et laisseroit seulement dans les champs
La noire yuraie, & les chardons tranchans,
La ronce aigue, & la mordante espine
Qui sur le bled miserable domine:
Qui est celuy tant soit constant de cœur,
Qui n'accusast la celeste rigueur,
Et ne branlast contre le Ciel la teste

EPITAPHES.

D'auoir rué vne telle tempeste?
   Or toutefois conformer il nous faut
Au sainct vouloir du grand Dieu de là-haut,
Qui des mortels à son vouloir dispose,
Et pour le mieux ordonne toute chose:
Lequel a pris en sa celeste court
André Blondet seigneur de Rocquancourt,
Et l'a tiré de ceste fange humaine
Pour luy donner demeure plus certaine,
Où loin d'ennuis & de soins langoureux
Vit tres-heureux entre les biens-heureux.
Car bien qu'il fust grand Tresorier de France,
Bien qu'à l'Espargne il eust toute puissance,
Qu'il fust courtois, gracieux & gentil,
D'un esprit vif, vigilant, & subtil,
Qu'il fust amy des belles Pierides,
De leurs rochers, des sources Aonides,
Bon seruiteur des Princes & des Rois:
Si fut-il né pour mourir quelquefois,
Et pour changer ce miserable Monde
Pour estre au Ciel où tout plaisir abonde.
   Donques le Féure, oste ce desplaisir
Qui pour sa mort t'estoit venu saisir,
Et ne repugne à la volonté sainte:
La sourde Mort n'entend point ta complainte,
Et par tes pleurs ne se peut racheter:
Aussi tes pleurs il ne peut escouter
Ny tes souspirs, comme estant froide cendre
Qui plus ne peut tes paroles entendre:
Et tu te peux toy-mesmes tourmenter,
Et ton ennuy par larmes augmenter,
Te consommant de douleur soucieuse.

Pour le regret d'vne ame bien-heureuse,
Qui vit au Ciel exempte du trespas
Qui te demande & tous ceux d'icy-bas.

EPITAPHE DE LOYSE DE
Mailly, Abbesse de Caen &
du Lis.

L'Esprit de la defuncte parle au Passant.

V soit que la fortune, ou soit que le chemin
T'ait conduit à ma tombe, escoute à quelle fin
Passant, ie suppli' d'arrester, pour entendre,
Tant sois-tu bien appris, ce qu'il te faut apprendre
Pour mespriser le Monde, & leuer ton esprit
A Dieu, dont tu es fils par vn seul Iesus Christ.
Tu apprendras icy que les choses mondaines,
Par l'exemple de moy, sont caduques & vaines,
Qui maintenant ne suis quant au monde plus riens:
,, Tu apprendras encor que ny faueurs, ny biens,
,, Noble sang, ny parens, tant soient grands, n'ont puissance
,, De faire tous ensemble à la Mort resistance.
Car si pour estre riche on ne deuoit mourir,

EPITAPHES.

La richesse à bon droit me deuoit secourir,
Qui fus en mon viuant du Lis & Caen Abbesse:
Et si contre la Mort profitoit la Noblesse,
Encores moins son dard eust mon corps assailly:
Car i'estois de la race & du sang de Mailly.
  Ferry, iadis Baron de Conty, fut mon pere,
Et de Montmorency Loyse fut ma mere:
Peu pour oncle & seigneur Anne Montmorency
Connestable de France, & pour freres aussi
Messieurs de Colligny, de qui la renommée
Viuante ne sera des âges consommée,
Plus forte que l'oubly: mais la Mort qui n'a pas
A telle chose esgard, m'a conduite au trespas
Aussi bien qu'elle fait la moindre creature,
Et ne m'a rien laissé que ceste pierre dure.
  " Comme vn bon pelerin s'estouit en son cœur
" D'auoir de son voyage accomply la longueur
" Pour reuoir au logis la face de son pere:
" Ainsi tout homme doit (pensant à la misere
" Qu'apporte iour & nuit ce voyage mondain)
" Rire d'aise en son cœur de l'accomplir soudain
" Pour voir son Dieu là-haut, & pour estre deliure
" Des maux ausquels il faut en ce bas Monde viure:
Ainsi que maintenant en vn plus heureux lieu
Loin de soucis humains, ie vy pres de mon Dieu
Auecques ses esleuz, qui comme moy se rient
Des vanitez du monde & de ceux qui s'y fient.

EPITAPHE DE CLAVDE de l'Aubespine.

Qvand l'Aubespine alla sous le tombeau
En son Printemps, en son âge plus beau
Qui florissoit comme vne ieune Rose
Dessus la branche au poinct du iour esclose,
Que la tempeste à midy s'esleuant
Fanist à terre & fait iouet du vent:
Vne Dryade errante escheuelée,
Seule, pensiue, en pleurant est allée
Sous l'ombre aimé du desert Aubespin.
  Là de sanglots trainant sa vie à fin,
Et consommant de tristesse son ame,
D'ongles poinctus sa poitrine elle entame,
Et frappant l'air de cris continuels,
Nomme les Dieux & les Astres cruels,
Rompt ses cheueux, & de fureur attainte
Contre la Mort poussa telle complainte.
  Sourde, cruelle & malheureuse Mort,
Qui m'as laissée en triste desconfort
Pour le regret d'vne si chere perte:
  Ainsi que luy que ne m'as-tu couuerte
D'vn tombeau mesme? à fin qu'en doux repos
Ma cendre fust compaigne de ses os,
Et que Caron tous deux en vn voyage
Nous eust passez dessus l'autre riuage?

EPITAPHES. 67

Car aussi bien ie ne vy plus icy,
Las! ie trespasse, & le mordant soucy
Ioint au penser de ma perte auenue
En vn corps vif languissante me tue,
Et n'ay recours qu'aux souspirs & aux pleurs,
Cruels tesmoins de mes fortes douleurs.
 Mais tel remede est propice à ma peine :
En larmoyant ie deuiendray fonteine,
Tant par les yeux de larmes i'espandray,
Où me noyant franche ie me rendray
Du corps fascheux, en qui ie vy sans viure,
Faite vn esprit à fin de mieux le suiure.
 Ah! fiere Mort, alors que nos printemps
En leurs verdeurs florissoient plus contens,
Luy en sa belle & premiere iouuence,
Moy en la fleur de l'âge qui commence,
Dure, felonne, au gros cœur inhumain,
Tu as tranché d'vne cruelle main
(Du souuenir toute en fiéure ie tremble)
Le beau lien qui nous ioignoit ensemble,
Et n'as vers luy si fauorable esté
Que ses beaux ans vinssent en leur Esté.
 Les oisillons dedans leur nid sans plume
Par les Pasteurs ont ainsi de coustume
Estre rauis, ainçois que leurs beaux sons
Soient entendus de buissons en buissons.
 Ainsi voit-on sous la tempeste dure
Les bleds versez en leur ieune verdure,
Et sans espoir contre terre accropis
Ains que le chaut ait meury leurs espis.
 D'où vient cela que les herbes qui croissent
Parmy les prez, remeurent & renaissent,

Et quand l'homme est dans le Tombeau reclus,
Il va sous terre & ne retourne plus?
 On dit qu'Orphée ardant en la poitrine
De trop d'amour, alla voir Proserpine:
Deuant Pluton si tristement sonna,
Que son espouse encor luy redonna.
 Ah! que ne puis-ie ayant l'ame eschaufee
D'honneste amour deuenir vn Orphée?
I'irois là bas flechir de mes douleurs
Ces cœurs felons qui n'ont soin de nos pleurs,
Et des Enfers les ombres & les faintes
En larmoyant i'esmouu'rois de mes plaintes,
Non comme luy pour ma femme r'auoir,
Mais cher mary, seulement pour te voir,
Et pour sçauoir si la mortelle audace
T'a desrobé là bas ta belle face
Et tes beaux yeux, dont tel iour s'espandoit
Que l'Amour mesme amoureux il rendoit.
 Auecques moy descendroit Calliope
La Lyre au poing: car tu aimois la trope
Des Muses sœurs quand icy tu viuois,
Et pour plaisir mignonnes les auois.
 Amour, Venus, les Ieux & les Charites
N'y viendroient pas: elles furent destruites
Quand tu mourus, mourant auecque toy:
L'honneur mourut, preud'hommie & la foy,
Et les vertus qui sous mesme closture
De ton sepulchre ont choisi sepulture.
 Iadis Alceste à fin de secourir
Son cher mary, pour luy voulut mourir:
Et ie voudrois pour te remettre en vie,
Qu'en te sauuant la mienne fust rauie.

EPITAPHES. 69

Heureuse Alceste, heureuse mille fois!
Cœur genereux helas! qui ne voulois
Survivre icy de tant de maux enclose,
Ayant perdu une si chere chose,
Ton cœur fust mort entre cent mille ennuis.

Tu fus premiere, & seconde ie suis,
Qui ne craindrois sous les ombres descendre
Si par ma mort vif ie le pouuois rendre.

Toy trespassant, pour mon mal appaiser
Ie r'amassay de ta bouche un baiser,
Qui respirant sur ta leure mourante
Erroit encor d'une haleine odorante.

D'un long soupir ce baiser ie humay,
Vint aux poumons, au cœur ie l'enfermay,
Ie l'eschaufay d'une amoureuse flame,
Et pour tombeau ie luy donnay mon ame.

De ton trespas les fleuues ont pleuré,
Et Seine large au grand cours separé,
Qui ta maison entournoit de ses ondes,
En a gemy sous ses vagues profondes.

Les belles fleurs en ont perdu couleur:
L'Autonne atteint d'une extreme douleur
Deuint Hyuer: les forests habillées
D'un manteau verd, en furent despouillées.

Tout se changea: les rochers & les bois
T'ont regreté: aussi ont fait les Rois,
Princes, Seigneurs, qui auoient cognoissance
De ta vertu dés ta premiere enfance.

Tout se pasma de tristesse & d'esmoy:
Mais certes rien n'a tant gemy que moy
Me consommant de larmes inutilles.
Le frere tien qui a pris de Neuf-villes

Son beau surnom, en gemist à la mort
Sur ton sepulchre assis sans reconfort.
   Ton frere en pleure, & ta sœur en lamente,
Ton oncle grand, ton oncle s'en tourmente.
   Nous ressemblons à ces Rossignolets,
Qui retournant trouuent leurs nids seulets
Estant allez chercher quelque bechée
Loin du taillis pour nourrir leur nichée,
Que le Pasteur de ses ongles courbez
Cruellement sans plume a desrobez.
   Deçà delà d'vne complainte aiguë
En grosse voix, en longue & en menuë
Entre-coupant l'haleine de leurs chants
Font resonner les taillis & les champs,
Et iour & nuit par les fueilles nouuelles
En gemissant redoublent leurs querelles.
   Ainsi trescher, la Mort nous accusons
Et mille maux contre elle nous disons:
Mais pour-neant : car elle est à merueilles
Sourde, & n'a point comme les Dieux d'oreilles,
Pour ce les pleurs n'en peuuent approcher:
En lieu d'vn cœur elle porte vn rocher.
   A-tant se teut l'amoureuse Dryade,
Dont les beautez, les graces & l'œillade
Pourroient tuer la Mort & le trespas
Forcer le Ciel : mais ces cruels n'ont pas
Ny yeux ny cœurs, tendons, muscles ny veines,
Pour se flechir par prieres humaines.
,, Il faut partir : car tout ce qui est né,
,, Est pour mourir vn iour predestiné.

EPITAPHES.

EPITAPHE DE FEV MONSIEVR LE PRESIDENT de sainct André.

Entre-parleurs,

Le Passant & la Iustice.

Le Passant.

Encor' que ce Tôbeau ne soit point decoré
De Marbre ny de Cuyvre en œuvre elabouré,
Qu'il ne soit enrichi d'vn pôpeux edifice,
Si est-ce qu'en-voyant la Déesse Iustice
Dessus se lamenter, ie croy qu'il tient enclos
D'vn personnage illustre & la cendre & les ôs.
Pource raconte-moy, Déesse ie te prie,
Quel fut ce corps, son nom, son estre & sa patrie,
Aussi de quels parens il se vit engendré.
Iust. Il fut de Carcassonne, il eut nom sainct André,
Issu de noble race, & qui d'auantage
Par sa propre vertu anobly son lignage.
Pas. De quel estat fut-il? Iust. De grande autorité
President au Palais, qui rempli d'equité
M'auoit donné son cœur, son âme & sa pensée,
Me tenant comme il faut iustement balancée,
Bien qu'il fust venerable & d'honneurs & d'enfans,
De mœurs & de prudence & de conseil & d'ans,
Qui rendent en tous lieux l'homme plus honorable,

Bien qu'il eut vne taille aux demidieux semblable,
Bien qu'il eut combatu l'ignorance & l'erreur,
L'asseurance des bons, des meschans la terreur,
Honoré des plus grands, aimé du populaire,
Et de nos Senateurs le parfait exemplaire :
Si est ce que la Mort qui consomme chacun
L'a fait (comme tu vois) passer le port commun.
Les mortels ont çà bas pour vsufruict la vie
Aussi tost au Printemps qu'en Autonne rauie
Selon que les fuzeaux des Parques l'ont filé.

Or' va fay ton chemin, Passant, c'est trop parlé,
Apprens que la matiere eternelle demeure,
Et que la forme change & s'altere à toute heure,
Et que le composé se rompt par son discord,
Le simple seulement est exempt de la Mort.

SIZAIN POVR LES cœurs de Messieurs de l'Aubespine.

Passant, trois cœurs en deux sont enterrez ici :
Les deux sont desia morts, l'autre vit à souci,
Qui demi-mort, sa vie & soy-mesme desdaigne.
Or comme ces trois cœurs en viuant n'estoiët qu'vn
C'est raison qu'à tous trois vn Tombeau soit commun
Afin que le cœur vif les cœurs morts accompaigne.

Epitaphe

EPITAPHES. 73

EPITAPHE DE FRAN-
ÇOISE DE VIEL-PONT
Prieure de Poissy.

My Passant, ie te suppli d'atten-
dre:
Sous ce Tombeau repose vn peu de
cendre
D'vn corps qui fut bien grand quãd
il viuoit,
Pour les vertus que ceste Dame auoit.
C'est vne Dame heureuse & vertueuse,
Qui ne voulant estre voluptueuse,
A quatre ans vint pour estre instruite ici,
Puis à douze ans en prist le voile aussi,
Et à quatorze elle fist vœu de viure
Selon son ordre & les regles ensuiure.
Biens & grandeurs & tiltres apparens,
Sang ancien, noblesse de parens
Ne luy failloient, ny richesse mondaine:
Mais desdaignant comme vne chose vaine
Tant de faueurs, plus humble apparoissoit,
Et sa vertu contre l'honneur croissoit.
Pour oncle elle eut ce grand Chef des armées
Qui de son nom les terres a semées,
C'est Annebaut de la France Admiral,
Vtile au peuple, à son Prince feal,
Qui gouuerna de fidele creance

D

François premier grand Monarque de France
Sans compaignon seul il le possedoit,
Et à nul autre en faueur ne cedoit.
C'estoit beaucoup de plaire à si grand Prince,
Qui le choisit de toute sa prouince
Seul pour auoir entier gouuernement.
  Or de ce Roy le parfait iugement
Ne se trompoit : car sa vertu fut telle
Qu'apres sa mort elle vit immortelle :
Il est bien vray qu'il eut des enuieux :
„ (Enuiez sont les Princes & les Dieux.)
  Elle sortant d'vne si noble race,
Belle d'esprit & de corps & de face,
Auoit le front d'honneur si entourné,
Qu'en la voyant l'œil estoit estonné,
Et dans le cœur on sentoit vne crainte
La voyant belle & ensemble si sainte.
  Vingt & sept ans elle alloit acheuant
Quand elle fut Dame de ce Conuant.
Or la voyant & belle & genereuse,
D'vn esprit prompt, d'vne memoire heureuse,
D'vn iugement & certain & rassis
Qui mesprisoit le Monde & nos soucis,
Et toutefois de chacun bien-vouluë,
On estimoit que Dieu l'auoit esluë,
La remplissoit de sa grace à foison
Pour gouuerner vne telle maison :
Car de son temps en nombre on pouuoit estre
Plus de sept vingts & douze dans ce cloistre.
  Exemple fut à tous d'humilité,
D'honneur, vertu, humblesse, chasteté,
De patience & prompte vigilance

EPITAPHES.

Et qui plus est d'entiere continence:
Aux souffreteux ses biens elle donna,
Et tellement de sa fin ordonna,
Que son trespas & la fin de sa vie
Fut d'une mort bien-heureuse suiuie.
 Car preuoyant de son heure la fin
Leuoit les yeux vers le Seigneur, à fin
D'abandonner sa prison corporelle
Pour aller voir la lumiere eternelle,
Et se reioindre à son estre là-haut
Pour mieux iouyr du bien qui point ne faut.
 Donques ayant ordonné ses affaires
Qui luy sembloient au Monde necessaires,
A quarante ans en ce lieu trespassa,
Et de sa Mort à chacune laissa
Dedans le cœur vne tristesse amere
Pour le regret d'vne perte si chere.
 Or va, Passant, où le pied te conduit,
Et pense en toy que le trespas te suit
Comme il a fait autrefois ceste Dame:
Pri' qu'à son corps legere soit la lame,
Et qu'en paisible & sommeilleux repos
Puissent dormir ses cendres & ses os:
Iette dessus meint Lis & meinte Rose:
Car cy dessous la fleur d'honneur repose.

D ij

EPITAPHE DE FEV Damoiselle Anne l'Esrat, Angeuine.

Alheureuse iournée
Malheureux Hymenée,
Qui là-bas as conduit
Ceste belle Angeuine,
Pour ses vertus indine
De voir si tost la nuit.

Auant qu'elle eust puissance
D'auoir la cognoissance
D'vne si sainte Amour,
Et du doux nom de mere,
La Parque trop seuere
Luy a brusly son iour.

Hà debile Nature,
Puis que ta creature
Tu ne peux secourir!
Le Destin est le maistre
De ce Monde, & le naistre
Est cause du mourir.

Ny beauté ny richesse
Ne peuuent la rudesse
De la Mort esmouuoir:
La Rose sur l'espine
A sa robe pourprine
Du matin iusqu'au soir.

Belle ame genereuse,
Tu marches bien-heureuse
Là-bas entre les fleurs,
Franche de nos miseres,
Laissant ici tes freres
En soucis & en pleurs:
 Desquels le noble couple
Passe la flame double
De ces Iumeaux diuins,
Dont l'honneur & la gloire
Luisent aux bors de Loire
Deux astres Angeuins.
 Les riues Permessides,
Les sources Castalides
Et l'Antre Cyrrhean
A l'enui les cognoissent,
Et les Lauriers qui croissent
Au mont Parnassien.
 Ils n'ont voulu construire
Ta Tombe de porfire,
De pompe ny d'orgueil,
Ny de masses confuses:
Mais par l'outil des Muses
Ont basti ton cercueil.
 Des Muses la parole
Gaigne le Mausœole:
L'vn œuure de marteau,
L'autre edifice d'encre,
Où iamais la Mort n'entre
Contre l'âge plus beau.
 Quelqu'vn de grand courage
Accomplira l'ouurage

Plus haut que n'est le mien:
L'Esrat, pour te complaire,
Il me suffist de faire
Ce pilier Dorien:
  Et versant force Roses
Et force fleurs escloses
Et force Myrte espais,
Supplier que la terre
D'vn mol giron enserre
Ses reliques en paix.

EPITAPHE DE MARVLLE Capitaine & Poëte Grec tres-excellent, natif de Constantinoble.

Emenez ici vos caroles,
Muses, & auec mes chansons
Accordez doucement les sons
De vos Luths & de vos Violes.
  Voici de Marulle la Tombe,
Priez qu'à tout iamais du Ciel
La douce manne & le doux miel
Et la douce rosée y tombe:
  Ie faux, la Tombe de Marulle:
De luy sa Tombe n'a sinon
Les vaines lettres de son nom,
Il vit là-bas auec Tibulle.
  Dessus les riues Elysées,
Et sous l'ombre des Myrtes vers,
Au bruit des eaux chante ses vers.

EPITAPHES.

Entre les ames bien prisées:
　Pincetant sa Lyre cornue,
En rond au beau milieu d'vn val,
Tout le premier guide le bal
Foulant du pied l'herbe menue.
　Lors que ses doux accents respandent
Les douces flames de l'amour,
Les Heroïnes tout au tour
De sa bouche Latine pendent.
　Tibulle auecque sa Delie
Danse la tenant par la main,
Corinne l'amoureux Romain,
Et Properce tient sa Cynthie.
　Mais quand ses graues sons resueillent
Les vieilles loüanges des Dieux,
Les esprits les plus precieux
Béans à son Luth s'esmerueillent.
　Dequoy luy né sur le riuage
D'Hellesponte, a si bien chanté,
Qu'estant Grec il a surmonté
Les vieux Latins en leur langage.
　Chere Ame, pour les belles choses
Que i'apprens en lisant tes vers,
Pren pour present ces Lauriers verds,
Ces frais Lis & ces fraisches Roses.
　Legere à tes os soit la terre:
Pluton te face vn doux recueil,
Et sur le haut de ton cercueil
Tousiours grimpe le verd Lierre.

D iiij

SVR LE TRESPAS D'A-DRIAN TVRNEBE, LECTEVR du Roy, l'honneur des lettres de son temps.

I E sçay chanter l'honneur d'une ri-
uiere :
Mais quand ie suis sur le bord de la
mer
Pour la loüer, la voyant escumer
En sa grandeur si profonde & si
fiere,
Du cœur s'enfuit mon audace premiere
Pres de tant d'eau, qui me peut abysmer :
Ainsi voulant TVRNEBE r'animer,
Ie suis veincu ayant trop de matiere.
Comme la mer, sa loüange est sans riue,
Sans bord son los, qui luist comme vn flambeau:
D'vn si grand homme il ne faut qu'on escriue :
Sans nos escrits son nom est assez beau :
Les bouts du Monde où le Soleil arriue,
Grans comme luy, luy seruent de Tombeau.

EPITAPHE DE IEAN
de la Peruse, Angoumois, Poëte Tragique.

As! tu dois à ce coup, chetiue Tragedie,
Laisser tes graues jeux,
Laisser ta scene vuide, & contre toy hardie
Te tordre les cheueux:
Et de la mesme voix dont tu aigris les Princes
Tombez en desconfort,
Tu dois bien annoncer aux estranges prouinces
Que la Peruse est mort.
Cours donc escheuelée, & dy que la Peruse
Est mort, & qu'auiourd'huy
Le second ornement de la tragique Muse
Est mort auecque luy:
Mais non pas mort ainsi qu'il faisoit en sa scene
Apres mille debas
Les Princes & les Rois mourir d'vne mort vaine
Qui morts ne mouroient pas:
Car vn dormir de fer luy sille la paupiere
D'vn eternel sommeil,
Et iamais ne verra la plaisante lumiere
De nostre beau Soleil.
Helas cruel Pluton! puis que ta sale obscure
Reçoit de tout quartier
Tout ce qui est au Monde, & que de la Nature

Tu es seul heritier,
Et qu'on ne peut frauder le dernier truage
 De ton port odieux,
Tu deuois pour le moins luy prester d'auantage
 L'vsufruit de nos Cieux.
Tu n'eusses rien perdu: car apres quelque année
 Suiuant l'humaine Loy,
Aussi bien qu'auiourd'huy, la fiere Destinée
 L'eust emmené chez toy.
Or adieu donc, ami, aux Ombres dans la sale
 De ce cruel Pluton
Tu ioües maintenant la fable de Tantale
 Ou du pauure Ixion:
Et tu as ici haut laissé ta scene vuide
 De tragiques douleurs,
Laquelle autant sur toy que dessus Euripide
 Verse vn ruisseau de pleurs:
Tousiours sur le Printemps la vigne & le lierre
 D'vn refrisé rameau
Rampent pour ta couronne au plus haut de la pierre
 Qui te sert de Tombeau.

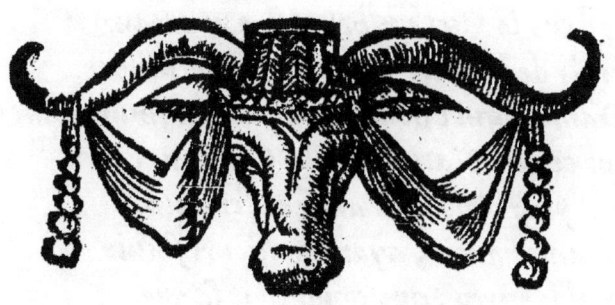

EPITAPHES.

EPITAPHE DE NICOLAS VERGECE, GREC.

Rete me fist, la France m'a nourry,
La Normandie ici me tient pourry.
O fier Destin qui les hommes tourmente,
Qui fais vn Grec à Coutance perir!
,, Ainsi prend fin toute chose naissante:
,, De quelque part qu'on puisse ici mourir,
,, Vn seul chemin nous meine à Rhadamante.

EPITAPHE DE MARIE BRACHET.

Rreste toy, Passant: cy dessous gist la
 cendre
D'vne qui ne deuoit sous les ombres de-
 scendre,
Mais qui deuoit plustost, sans aller au
Tombeau,
Se faire dans le Ciel vn bel Astre nouueau
Pour seruir de lumiere & de guide eternelle
Aux Dames, qui l'honneur voudront suiure cõme elle.
Car tout ce que Nature & le Ciel plus benin
Donnent pour ornement au sexe feminin,
Ceste Dame l'auoit, ayant tousiours suiuie
L'honorable vertu, qui conduisoit sa vie.
 Les cheueux que tu vois rompus & respandus,
Arrosez de ses pleurs tristement espandus,

D. vj

Ce sont les vrais cheueux & les larmes non feintes,
Que la Pudicité & ses compaignes saintes
Sur la Tombe ont versé, nommant les Dieux cruels
D'oster si tost le iour qui luisoit aux mortels.
Car tant qu'elle vesquit, elle fut la lumiere
Qui en toutes vertus esclairoit la premiere.
Marie fut son nom, Brachet fut son surnom,
Et sa ville Orleans, où l'on n'entend sinon
Loire contre les murs d'vne ville si forte
Encor se lamenter que sa Marie est morte.

 Elle eut pour son espoux Ian Preuost President,
Qui fut de la iustice & d'honneur si ardent,
Que long temps aux Palais faisant aux Rois seruice,
A chacun droitement administra iustice.
Huit fils consecutifs elle engendra de luy.

 Le second de ces huit repose en mesme estuy
Que sa mere, ô pitié, & mesme Tombe assemble
Et la mere & le fils en vn repos ensemble.
Il fut en son viuant General en la Court
Des Aydes à Paris: le dard aueugle & sourd
De la Mort l'a tué, pour faire à tous cognoistre
Que l'ordre s'entresuit de mourir & de naistre.

 Mais bien qu'il fust entier, docte, & plein de bon-heur,
Et que sa mere fust de son siecle l'honneur,
Cela n'empescheroit qu'ainsi qu'vne fumée
Le Temps ne consumast leur belle renommée,
Sans vn autre Preuost, lequel a suruescu
Les deux, & par ces vers leurs trespas a veincu,
Le vengeur de leur mort, comme estant l'excellence
De sa race, & tenant auiourd'huy la balance
Dans le Palais sacré, où dispensant les lois,
Merite estre nommé le Minos des François.

EPITAPHES. 85

Dieu le vueille garder, & face que son ombre
Des autres qui sont morts n'aille augmenter le nombre:
Mais seruant au public, puisse forcer le temps,
Et vieillard arriuer au terme de cent ans.

EPITAPHE DV SEI-
GNEVR DE QVELVS,
par Dialogue.

Le Passant, & le Genie.

Le P.  St-ce-ici la Tombe d'Amour?
Le G. Non: car tu verrois à-l'entour
    Sa trousse à terre renuersée,
    Son arc & sa fleche cassée,
A ses pieds rompu son bandeau,
Et sans lumiere son flambeau.
Le P. Est-ce point celle d'Adonis?
Le G. De Venus les pleurs infinis,
    Et du fier Sanglier l'auanture
    Se verroient sur sa sepulture:
    Les Pigeons, les Cygnes voller,
    Amour sa mere consoler.
Le P. Est-ce Narcisse, qui aima
    L'eau qui sa face consuma
    Amoureux de sa beauté vaine?
Le G. Aupres on verroit la fontaine,
    Et de luy transi sur le bord
    Naistre vne fleur apres sa mort.
Le P. Est-ce Aiax des Troyens vainqueur,

D vij

Qui d'vn fer se perça le cœur,
Tant d'erreur l'ame il'eut frappée?
Le G. A bas on verroit son espée
Et son boucler sans nul honneur
Se rouiller pres de son Seigneur.
Le P. Est-ce Hyacint', qui conuertit
Son sang en fleur, quand il sentit
Le pallet poussé par Zephyre?
Le G. D'Apollon la piteuse Lyre
S'entendroit icy resonner,
Et personne ne l'oit sonner.
Le P. Qui donc repose icy dedans?
Le G. La beauté d'vn ieune printemps,
Et la vertu qui l'homme honore,
Laquelle sous la Tombe encore
En despit du mesme malheur,
Enseigne aux François la valeur.
Le P. Quelle Parque au cizeau cruel,
Luy trancha sa trame? Le G. Vn duel.
Mars comblé de peur & d'enuie,
Dauant ses ans coupa sa vie,
Craignant de ne se voir veincu,
Si ce corps eust long temps vescu.
Le P. En quel âge veit-il Pluton?
Le G. A peine son ieune menton
Se couuroit d'vne tendre soye,
Quand de la Parque il fut la proye.
Ainsi souuent le Ciel destruit
La plante auant que porter fruit.
Le P. Quel pays de luy s'est vanté?
Le G. Languedoc l'auoit enfanté,
Issu de ceste vieille race

EPITAPHES.

De Leui, que le temps n'efface.
Le P. *Au reste dy son nom.* Le G. *Quelus.*
Va Passant, n'en demande plus.

POVR LE SEIGNEVR
de Maugeron.

LA Déesse Cyprine auoit conceu des
 Cieux
En ce siecle dernier vn enfant, dont
 la veuë
De flames & d'esclairs estoit si bien
pourueuë,
Qu'Amour son fils aisné en deuint enuieux.
 Despit contre son frere, & ialoux de ses yeux,
Le gauche luy creua: mais sa main fût deceuë.
Car l'autre qui restoit, d'vne lumiere aiguë
Blessoit plus que dauant les hommes & les Dieux.
 Il vient en souspirant s'en complaindre à sa mere:
Sa mere s'en macqua. Luy tout plein de colere
La Parque il supplia de luy donner confort.
 La Parque comme Amour en deuint amoureuse.
Ainsi Maugeron gist sous ceste Tombe ombreuse
Tout ensemble veincu d'Amour & de la Mort.

EPITAPHE DE REMI Belleau Poëte.

NE taillez, mains industrieuses,
Des pierres pour couurir Belleau:
Luy mesme a basti son Tombeau
Dedans ses Pierres precieuses.

EPITAPHE D'ALBERT Ioueur de luth du Roy François premier.

Entreparleurs,

Le Passant, & le Prestre.

Pass.

V'oy-ie dans ce Tombeau? Pr. *Tu entens vne Lyre.*
Pa. *Quoy? n'est-ce pas ce Luth qui peut si bien redire*
Les chansons d'Apollon, que flatez de sa vois
Tiroit apres ses pas les rochers & les bois,
Et pres de Pierie, ainsi qu'vne ceinture,
En vn rond les serroit sur la belle verdure?
Pr. *Ce n'est pas cestuy-là.* Pa. *Quelle Lyre est-ce donc?*
Pr. *C'est celle d'vn Albert, que Phœbus au poil blond*
Apprist dés le berceau, & luy donna la harpe,
Et le luth le meilleur qu'il mist onc en escharpe:

EPITAPHES.

Si bien qu'apres sa mort son Luth mesmes enclos
Dedans sa Tombe encor sonne aupres de ses os.
Pa. Ie suis esmerueillé que sa Lyre premiere
En son art, ne flechit la Parque sa meurtriere!
Pr. Ne t'en esbahis point, Orphée qu'enfanta
Calliope & tousiours en son sein alaita,
Ne la sceut point flechir, & pour la fois seconde,
D'où plus il ne reuint, alla voir l'autre Monde.
Pa. Quelle mort le tua? Pr. Vne pierre qui vint
Luy boucher la vessie, & le conduit luy print
En celle part où l'eau par son canal chemine,
Et tout d'vn coup boucha sa vie & son vrine.
Pa. Ie suis tout esbahy que luy qui flechissoit
Les pierres de son Luth, ne se l'amolissoit!
Pr. Aussi fist-il long temps: car durant sa ieunesse
Que ses doigts remuoient d'une agile souplesse,
Et qu'il touchoit le Luth plus viste & mieux à point,
Tousiours elle estoit molle, & ne roidissoit point:
Mais quand il deuint vieil, & que sa main pesante
S'engourdist sur le Luth à demy-languissante,
La pierre d'vn costé dure à ses chants estoit,
Et de l'autre costé tousiours molle restoit,
Comme on voit le coural dessous la mer s'estendre
Endurcy d'vn costé, de l'autre costé tendre.

    Cerbere à son passer tint ses gosiers fermez,
Et les Manes des morts par l'oreille charmez
Oublioient leurs trauaux: Titye sur la plaine
Aux vautours estendu, en oublia sa peine,
Phlegyas l'oublia, Sisyphe ne sentoit
Le vain labeur du roc, la roüe s'absentoit
    Des membres d'Ixion, & Tantale en arriere
Ne vit de son gosier reculer sa riuiere.

Mais quel profit nous est-ce, & puis que ceux d'ab
En ont tout le plaisir & nous ne l'auons pas?
 Or toy, quiconque sois, iette luy mille branches
De Laurier sur sa Tombe, & mille Roses franches,
Et le laisse dormir, t'asseurant qu'auiourd'huy
Ou demain ou tantost, tu seras comme luy.

EPITAPHE DE COVRTE,
Chienne du Roy Charles 1 x.

Fin que le temps qui tout mange
N'effaçast vn iour la loüange,
Que Courte en viuant meritoit
Quand pres de Charles elle estoit,
Icy, par la Parque rauie,
Du Roy reçoit vne autre vie,
La faisant peindre en ce tableau,
Qui sert à Courte de Tombeau.
 Courte sans queuë & sans oreille
N'auoit au Monde sa pareille:
Aussi dit-on que Courte auoit
Entendement quand ell' viuoit,
Plus de soin, plus de diligence,
Plus de raison, de souuenance
Que Petit-pere qui la tient,
A qui de rien plus ne souuient.
 Courte estoit pleine, grosse & grasse,
Courte iouoit de passe-passe,
Courte sautoit sur le baston:

Courte nageoit iusqu'au menton
Mieux qu'un barbet lequel apporte
A son maistre la cane morte.
  Courte les perdrix esuentoit,
Courte les connins tourmentoit,
Courte trouuoit le liéure au giste,
Courte iappoit, Courte alloit viste
A corps gras, quand souuentefois
Couroit le cerf parmy les bois:
Courte n'auoit point de semblable,
Courte venoit dessus la table
Du Roy, prendre iusqu'en sa main
Le biscuit & le marsepain.
  Mais quoy? ie dy les moindres choses
Que Courte en elle auoit encloses,
Qui par trop d'amour & de foy
Estoit ialouse de son Roy:
Et toutefois Courte estoit fine,
Faisant aux autres bonne mine,
Flatant celuy qui la traittoit
Quand loin de son maistre elle estoit.
  Mais si tost qu'elle pouuoit estre
En la presence de son maistre,
Et que son Roy la caressoit,
Ses amis plus ne cognoissoit,
Et les mordoit comme felonne,
Ne voulant souffrir que personne
Approchast de ce qu'elle aimoit:
C'est pourquoy le Roy l'estimoit.
  Peuples François, venez apprendre
De ceste beste sage, à rendre
Amour, deuoir, fidelité

A la Royale Majesté:
Luy offrir vos biens & vos testes,
Prenant exemple sur les bestes
Qui aiment & rendent honneur
Seulement au Roy leur seigneur.
   Mais quand vieillesse (qui assomme
Non seulement le chien, mais l'homme)
Eut saisi Courte, l'amitié
De son bon maistre en eut pitié,
L'envoyant ja vieille & ja blesme
A ceste Dame là qui mesme
L'avoit dés enfance nourry:
Dont Courte ayant le cœur marry,
Trainant sa vie en desplaisance
Ne peut souffrir si longue absence,
Ne si fascheux banissement.
   Mais pleine de gemissement,
De regret, de dueil & d'envie
De voir son Roy, perdit la vie,
Aimant mieux la mort recevoir
Que tant languir sans le revoir.
   Ainsi la Courte en sa vieillesse
Mourut de dueil & de tristesse:
Apres que la Mort la ravit,
Encore le Roy s'en servit,
Faisant conroyer sa peau forte
En gans que sa Majesté porte.
Courte ainsi morte & vive a fait
A son Roy service parfait.
   Mort, vrayment tu es bien cruelle
Tuant une chose si belle,
Veu qu'il y a tant d'animaux

Qui font aux hommes tant de maux!
Mais contre vne telle arrogance
Si faut-il prendre patiance,
Courte m'amie, & l'oublier
Puis qu'on n'y peut remedier:
Et croire que par la valée
Où tu es, Courte, deualée,
» L'Empereur, le Pape & le Roy
» Marcheront aussi bien que toy.
» Car telle voye froide & brune,
» A tous les peuples est commune,
» D'où plus iamais on ne reuient:
» Car le long oubly les retient.
  Si ce grand Roy qui te desire,
Au Ciel te pouuoit faire viure,
Il te feroit pres du lion
Compagne du chien d'Orion:
Et ferois vn Signe celeste
La nuict aux hommes manifeste.
  Petit-pere, qui te tiendroit
En lesse, pres de toy rendroit
Comme vn bel Astre vne lumiere,
Qui des Cieux seroit la premiere:
Mais il ne peut, & ce qu'il peut
Faire pour toy, Courte, il le veut.
  Il veut que tu sois icy mise,
A fin que l'âge qui tout brise,
Et qui les villes fait perir,
Ne te face plus remourir,
Gardant à iamais ta memoire
Par le bien-fait de ceste histoire.

DIALOGVE DE BEAV-
mont, Léurier du Roy Charles 1 x. & de Caron.

Ors que Beaumont entra dans les En-
fers,
Voyant Caron aux yeux ardens & pers,
Son triste habit, ses voiles & ses rames,
Et le bateau dont il passe les ames,
Bien qu'il fust nu, image de la mort,
Sans s'effroyer s'arresta sur le bort.
  Caron qui vit sa taille forte & grande,
Tout esbahy du bateau luy demande.
Ca. Qui t'a nourry? qui es-tu? d'où viens-tu?
Quelle contrée au Monde t'a vestu
D'vn si beau corps, qui de force surpasse
Tes compagnons qu'en ma barque ie passe?
Beaumont respond. Be. Vn grand Roy m'a nourry
De qui i'estois sur tous le fauory:
Ie viens de France, & suis né de Bretagne.
  La fiere Mort qui chacun accompagne,
M'a fait descendre au fleuue Stygieux,
Iurant, Caron, par l'horreur de ces lieux,
Que le soucy qui ronge ma pensée,
N'est pour auoir la lumiere laissée:
Le plus grand dueil qu'icy bas ie reçoy,
Vient du regret de ne voir plus mon Roy.
Ca. Il seroit temps, Beaumont, que tu apprinses
Sur ce riuage à oublier les Princes,
Sans te brauer du souuenir des Rois.

Be. *Vn si bon Prince oublier ne pourrois.*
Ca. *Quel est ce Roy dont tu fais tant de conte?*
Be. *C'est Charles Roy qui les autres surmonte,*
Dont la vertu ne se peut egaler,
Et suis certain qu'en as ouy parler:
Car ja la terre en tous lieux est semée
De ses honneurs, & de sa renommée.
Ca. *Ie le sçay bien: Mercure mainte fois*
Guidant icy les ames des François
M'en a parlé: m'a dit que son Empire
De l'Ocean où le Soleil se vire,
Et son renom des ans victorieux
Sera borné de la voûte des Cieux.

 Donques, Beaumont, pour l'honneur de ton maistre
Qui ja s'est fait par le Monde cognoistre,
Sans rien payer entre dans ce bateau,
Et des Enfers trauerse la grand'eau.

 Disant ainsi, la gondolle s'auance,
Et le Leurier d'un sault leger s'eslance
Dedans l'esquif, que Caron roide & fort
Comme un trait d'arc poussoit à l'autre bort.
A l'autre riue estoit le chien Cerbere
Tout herissé des serpens de Megere,
D'affreux regard, à gros sourcis pendens,
A trois gosiers, à trois crochets de dens,
Poussif, pantois, qui de longue trauerse
Sur le sablon gisoit à la renuerse,
D'un corps pansu les passans effroyoit,
Et d'un grand cry les Ombres aboyoit.

 Ce gros mastin oyant desur la Gréue
Sonner les pas de Beaumont, se souléue
A gueule ouuerte, & en se souleuant

Pour l'aboyer entre-mascha le vent:
Mais aussi tost que la taille il eut veuë,
De ce leurier, le flata de sa queuë
Qu'entre ses pieds humblement il mettoit,
Et l'honorant son lieu luy presentoit.
Beaumont luy dist. Be. Arreste & ne me taches
De ce venin qu'en ta gueulle tu caches:
Ie ne veux point de ta place, mastin,
En autre lieu me conduist le Destin:
Du noir Pluton le chien ie ne veux estre,
I'ay bien seruy en France vn plus grand maistre.

 Pluton n'est Roy que des morts seulement,
Sans chair, sans sang, sans oz, sans mouuement,
Et d'vn monceau d'ombres gresles & vaines,
Qui çà, qui là, sans muscles & sans veines,
Foibles, sans poix, debiles vont volant
Tout à l'entour d'vn riuage relant,
Noir, sombre & froid, que le Soleil euite,
Où la frayeur, l'horreur, la peur habite,
Vieillesse, ennuy, maladie & soucy:
Où mon grand Roy qui n'a que faire icy,
Commande en terre aux puissantes armées,
Aux Cheualiers, aux villes animées
D'vn peuple vif, obeyssant & fort,
Et non Cerbere aux portraits de la Mort.
Pource tout seul en ces lieux pleins de craintes
Garde à ton Roy ses ombres & ses faintes.

 A-peine eut dit, qu'en destournant le pas
Il vit frayé sous vn vallon à bas
Vn grand chemin fourchu de double sente:
L'vne conduit au Iuge Rhadamante,
Et l'autre mene aux champs delicieux,

Heureux

EPITAPHES. 97

Heureux seiour des Esprits precieux.
Suiuant le train d'une si belle voye
Ce franc Leurier aux Myrtes se conuoye,
Tout esbahy de voir en tel seiour
Autre Soleil, autre clarté de iour,
Voir autres monts, autres bois, autres fleuues,
Autres forests de fueilles iamais veufues,
Et autres prez d'immortelles couleurs :
Car pour l'Hyuer n'y meurent point les fleurs.
  Courte, qui est sans queuë & sans oreille,
Estant là-bas comme icy sans pareille,
Vint au deuant de Beaumont, qui prenoit
Son droit chemin où l'Oubly se tenoit,
Qui pres d'vn fleuue aux Esprits donne à boire
A pleins vaisseaux vne eau bourbeuse & noire
Qui du cerueau fait les sens deslier,
Et tout d'vn coup toute chose oublier.
  Courte à Beaumont fist l'humble reuerence,
Luy demanda des nouuelles de France :
Puis sont entrez dessous les bois myrtez
De purs Esprits par troupes habitez,
Qui comme oiseaux aux ailes emplumées
De bois en bois volent par les ramées,
Francs des soucis & des maux qui nous font
Porter icy des rides sur le front.
  Là (mon grand Roy) sans trauail & sans peine
Vostre Beaumont tout gaillard se pourmene,
Et court le Cerf par les bois tout ainsi
Comme il faisoit quand il estoit icy :
Mais il les court & les prend comme en songe,
Quand le sommeil d'vne douce mensonge
Deuant les yeux nous fait iouër la nuit

E

Ie ne sçay quoy qui nous fuit & nous suit,
Qui pres & loin de nostre teste vole
N'estant pas corps, mais vne vaine idole,
Qu'on veut serrer & prendre bien souuent,
Mais en lieu d'elle on ne prend que du vent.
   Ainsi Beaumont tient ouuerte la bouche
Apres le Cerf que iamais il ne touche :
Car sans courir le courant d'vn grand train,
Trompe ses dents & le poursuit en vain.
   Mais bien qu'il soit par ces champs à son aise,
Le grand desir toutesfois ne s'appaise
De vous reuoir, & voudroit reuenir,
Deust-il apres vn mastin deuenir :
Car il vaut mieux, tesmoin le bon Homere,
Voir du Soleil l'agreable lumiere
Viuant au Monde & estre vn laboureur,
Qu'estre sous terre & regner Empereur
De tous les morts : tant la vie est plaisante
Au pris du faix d'vne Tombe pesante,
Dont la froideur aux hommes ne produit
Que le sommeil, le silence, & la nuit.

EPITAPHES.

EPITAPHE DE LA BAR-
BICHE DE MADAME
de Villeroy.

Amais la Colchide toison,
Par qui l'auantureux Iason
Se rendit & fameux & riche:
N'eut tant le dos si crespelu,
Si blanc, si long, si houppelu,
Qu'estoit celuy de la Barbiche.
 Erigone voyant aux Cieux
Son Chien n'auoir si beaux les yeux,
Ny le corps si beau, par enuie
A faict ta Barbiche mourir:
Les Muses pour la secourir
Luy redonnent vne autre vie.
 Vn esprit humain elle auoit,
T'aimoit, t'honnoroit, te seruoit
En coche, à la chambre, à la messe:
Contre chacun se despitoit,
Comme amoureuse qu'elle estoit
Et ialouse de sa maistresse.
 Ton sein luy seruoit de rempart:
Elle viuoit de ton regard
Tousiours aupres de toy couchée:
Si tu auois ioye ou soucy,
Ta Barbiche en auoit aussi,
Comme toy ioyeuse ou faschée.

E iij

Apres sa mort pour l'honnorer,
Tu ne te plais qu'à la pleurer,
Tant tu es d'vne amitié forte!
Mais cesse de te trauailler,
Les pleurs ne peuuent resueiller
Vne chose quand elle est morte.

Si rien eust flechy le trespas,
C'eust esté ton sein & tes bras,
Ton œil piteux, ta douce haleine
Qui reschauffoient ses membres morts,
Et son esprit laissant le corps
A regret pour te voir en peine.

Hà! qu'elle est morte doucement
Entre ton doux embrassement,
Es plis de ta robbe amoureuse:
Mignonne Barbiche, croy moy,
Que beaucoup voudroient comme tey
Mourir d'vne mort si heureuse.

L'Aubespine, de qui l'honneur
Sert à la France de bon-heur,
Qui tiens Phœbus en ton escolle:
Si tu veux du temps la uanger,
Ne fay point de marbre estranger
A ta Barbiche vn Mauseole:

Les Muses seront son Tombeau.
Aussi bien ce qu'elle eut de beau,
A pris autre nouuelle voye:
Son œil en Astre s'est changé,
Et son dos de houpes chargé,
S'est fait vne toison de soye.

Son corps n'a rien qui soit à luy:
Il ne t'en reste que l'ennuy,

Qui t'accompaigne inconsolable.
Ah, que constante tu serois,
Si de fortune tu aimois
Vne beste plus raisonnable!

EPITAPHE DE THOMAS.

A volupté, la gourmandise,
Le vin qui n'a point de soucy,
Et l'vne & l'autre paillardise
Auec Thomas gisent icy.
En lieu d'vne moisson partie
D'entre les fleurs du renouueau,
Tousiours le chardon & l'ortie
Puisse esgrafigner son Tombeau.

EPITAPHE DE IAQVES MERNABLE, IOVEVR de farces.

Andis que tu viuois, Mernable,
Tu n'auois ny maison ny table,
Et iamais, pauure tu n'as veu
En ta maison le pot au feu.
  Ores la mort t'est profitable:
Car tu n'as plus besoin de table
Ny de pot, & si desormais
Tu as maison pour tout iamais.

FIN DES EPITAPHES.

LES DERNIERS
VERS DE P. DE
RONSARD.
STANCES.

'Ay varié ma vie en deuidant la trame
Que Clothon me filoit entre malade &
 sain:
Maintenant la santé se logeoit en mon
 sein,
Tantost la maladie, extreme fleau de l'ame.
  La goutte ia vieillard me bourrela les veines,
Les muscles & les nerfs execrable douleur,
Monstrant en cent façons, par cent diuerses peines,
Que l'homme n'est sinon le subiect de malheur.
  L'vn meurt en son printemps, l'autre attéd la vieillesse,
Le trespas est tout vn, les accidens diuers:
Le vray tresor de l'homme est la verte ieunesse,
Le reste de nos ans ne sont que des hiuers.
  Pour long temps conseruer telle richesse entiere
Ne force ta nature, ains ensuy la raison:
Fuy l'amour & le vin, des vices la matiere,
Grand loyer t'en demeure en la vieille saison.
  La ieunesse des Dieux aux hommes n'est donnée
Pour gouspiller sa fleur: ainsi qu'on voit fanir
La Rose par le chauld, ainsi mal gouuernée
La ieunesse s'enfuit sans iamais reuenir.

E iiij

SONETS.

I.

IE n'ay plus que les os, un Squelette ie semble,
Decharné, denerué, demusclé, depoulpé,
Que le trait de la mort sans pardon a frappé,
Ie n'ose voir mes bras que de peur ie ne tremble.

Apollon & son fils, deux grans maistres ensemble,
Ne me sçauroient guerir, leur mestier m'a trompé:
Adieu plaisant Soleil, mon œil est estoupé,
Mon corps s'en va descendre où tout se desassemble.

Quel amy me voyant en ce poinct despouillé
Ne remporte au logis un œil triste & moüillé,
Me consolant au lict & me baisant la face,

En essuiant mes yeux par la mort endormis?
Adieu chers compagnons, adieu mes chers amis,
Ie m'en vay le premier vous preparer la place.

II.

MEschantes nuicts d'hyuer, nuicts filles de Cocyte
Que la terre engendra, d'Encelade les seurs,
Serpentes d'Alecton, & fureur des fureurs,
N'approchez de mon lict, ou bien tournez plus vite.

Que fait tant le Soleil au gyron d'Amphytrite?
Leue toy, ie languis accablé de douleurs:
Mais ne pouuoir dormir c'est bien de mes malheurs
Le plus grand, qui ma vie & chagrine & despite.

Seize heures pour le moins ie meur les yeux ouuers,
Me tournant, me virant de droit & de trauers,
Sus l'un sus l'autre flanc ie tempeste, ie crie.

Inquiete ie ne puis en un lieu me tenir,
I'appelle en vain le iour, & la mort ie supplie,
Mais elle fait la sourde & ne veut pas venir.

III.

Donne moy tes presens en ces iours que la Bru-
  me
Fait les plus courts de l'an, ou de ton rameau teint
Dans le ruisseau d'Oubly dessus mon front espreint,
Endor mes pauures yeux, mes goutes & mon rhume.

Misericorde ô Dieu, ô Dieu ne me consume
A faute de dormir : plustost sois-ie contreint
De me voir par la peste ou par la fiéure esteint,
Qui mon sang deseché dans mes veines allume.

Heureux, cent fois heureux animaux qui dormez
Demy an en vos trous, soubs la terre enfermez,
Sans manger du pauot qui tous les sens assomme :

I'en ay mangé, i'ay beu de son iust oublieux
En salade, cuit, cru, & toutefois le somme
Ne vient par sa froideur s'asseoir dessus mes yeux.

IIII.

AH longues nuicts d'hyuer, de ma vie bourrel-
  les,
Donnez moy patience, & me laissez dormir :
Vostre nom seulement & suer & fremir
Me fait par tout le corps, tant vous m'estes cruelles.

Le sommeil tant soit peu n'esuente de ses ailes
Mes yeux tousiours ouuers, & ne puis affermir
Paupiere sur paupiere, & ne fais que gemir,
Souffrant comme Ixion des peines eternelles.

Vieille ombre de la terre, ainçois l'ombre d'enfer,
Tu m'as ouuert les yeux d'vne chaisne de fer,
Me consumant au lict, nauré de mille pointes :

Pour chasser mes douleurs ameine moy la mort :
Ha mort, le port commun, des hommes le confort,
Viens enterrer mes maux ie t'en prie à mains iointes.

E v

V.

Qvoy mon Ame, dors-tu engourdie en ta masse?
La trompette a sonné, serre bagage, & va
Le chemin deserté que Iesus Christ trouua,
Quand tout moüillé de sang racheta nostre race.

C'est vn chemin fascheux, borné de peu d'espace,
Tracé de peu de gens, que la ronce paua,
Où le chardon poignant ses testes esleua:
Pren courage pourtant, & ne quitte la place.

N'appose point la main à la mansine, apres
Pour ficher ta charrue au milieu des guerets,
Retournant coup sur coup en arriere ta veüe:

Il ne faut commencer, ou du tout s'employer:
Il ne faut point mener, puis laisser la charrue.
Qui laisse son mestier, n'est digne du loyer.

VI.

Il faut laisser maisons & vergers & iardins,
Vaisselles & vaisseaux que l'artisan burine,
Et chanter son obseque en la façon du Cygne,
Qui chante son trespas sur les bors Mæandrins.

C'est fait, i'ay deuidé le cours de mes destins,
I'ay vescu, i'ay rendu mon nom assez insigne:
Ma plume vole au Ciel pour estre quelque signe
Loin des appas mondains qui trompent les plus fins.

Heureux qui ne fut onc, plus heureux qui retourne
En rien comme il estoit, plus heureux qui seiourne
D'homme fait nouuel Ange aupres de Iesus Christ,

Laissant pourrir çà bas sa despoüille de boüe,
Dont le sort, la fortune, & le destin se ioüe,
Franc des liens du corps pour n'estre qu'vn esprit.

LA VIE DE PIERRE DE RONSARD GENTIL-HOMME VANDOMOIS,

Par Claude Binet.

PIERRE DE RONSARD est issu d'vne des nobles familles de France, de la maison des Ronsards, au pays de Vandomois, l'antiquité de laquelle est assez auoüée & remarquée des plus curieux, pour auoir tiré son origine des confins de la Hongrie, & de la Bulgarie, où le Danube voisine de plus pres le pays de Thrace, qui deuoit aussi bien qu'à la Grece donner à la France le surjon d'vn second Orphee: auquel lieu se trouue vne Seigneurie appellée, le Marquisat de Ronsard, d'où sortit vn puisné de cette maison, nómé Bauldouin, qui se voulant faire voye à l'honneur par les armes, assembla vne compagnie de Gentils-hommes puisnez, ausquels il fit trauerser toute la Hongrie & l'Alemaigne, gaignant la Bourgongne pour venir en France, qui estoit lors le champ de vertu, & s'offrit au Roy Philippes de Valois, lors empesché en vne grande guerre cótre les Anglois: lequel l'employa en charges si honorables, & ausquelles il fit si bó seruice à la Cou-

E vj

Rome, qu'il eut occasion par les bienfaicts du Roy qui se souuint de ses merites, d'oublier son païs, & bastir vne nouuelle fortune en France, où il se maria, au païs de Vandomois, païs fertile & agreable, tant pour la temperature, que pour la bonté du terroir. De là fil souche cette famille des Ronsards François, & continua en nobles & grandes alliances iusques à Loys de Ronsard, pere de Pierre, qui s'allia de la maison de Chaudriers, coniointe de proche alliance à celle du Bouchage, de la Trimoüille, & de Rouaux, desquelles sont sortis plusieurs grands Capitaines, & illustres Seigneurs, dont nos histoires Françoises & la France encor, à bon droit se glorifiēt, comme aussi de celle de Chaudriers, qui fut fort recommandée en son temps, pour le grand seruice qu'elle fit à la France, ayant repris sur les Anglois la ville de la Rochelle : en remarque dequoy y a vne ruë qui se nomme encor auiourd'huy du nom de l'vn de cette famille, qui en ce grand & remarquable exploict se monstra le premier des plus vaillans. Ce que ie n'ay peu oublier, luy mesme le tesmoignant en vne Elegie à Remy Belleau. Loys de Ronsard fut Cheualier de l'ordre, & Maistre d'hostel du Roy, & pour la sagesse & fidelité qui estoit en luy, fut choisi pour accompagner Messieurs les enfans, François Dauphin de Viennois, & Henry Duc d'Orleans, en Espagne, pendant qu'ils y furent en hostage pour le Roy leur pere, d'où il les ramena, au grand contentemét de la France. Ce Loys auoit quelque cognoiſſance des lettres, & principalement de la Poëſie, telle que le temps pouuoit porter : & faiſoit aucunefois des vers aſſez heureuſement : & me ſouuient en auoir ouy reciter quelques vns à noſtre Ronſard, ſon fils, qui monſtroient que la Poëſie vient principalement d'vn inſtinct naturel, lequel auec vn plus grand heur toutefois, cōme vn heritage, & droit ſucceſſif, le fils a monſtré auoir continué en luy, y ayant conioint l'eſtude des lettres Grecques & Latines. Du mariage de Loys & de Ieanne de Chaudrier, naſquit Pierre de Ronſard, au Chaſteau de la Poiſſonniere en Vandomois, maiſon paternelle, vn ſamedy vnzieſme de Septembre l'an mil cinq cens XXIIII, auquel le Roy François fut pris deuant Pauie. Et eſt à douter ſi en meſme temps la France receut par cette priſe malheureuſe vn plus grād dōmage, ou vn plus grand bien par cette naiſſance heureuſe, à laquelle eſtoit aduenu cōme à d'autres de quelques grands eſprits, d'eſtre remarquée d'vne ſi memorable rencontre. Mais peu s'en falut que le iour de ſa naiſſance ne fut auſſi le iour de ſon enterrement. Car comme on le portoit baptizer du Chaſteau de la Poiſſonniere en l'Egliſe du village de Couſtures, celle qui le portoit, trauerſant vn pré, le laiſſa tomber par meſgarde ſur l'herbe & fleurs, qui le receurent plus doucement : & eut encor cet accidét vne autre rencōtre, qu'vne Damoiſelle

E vij

qui portoit vn vaiſſeau plein d'eau de roſes, peſant ayder à recueillir l'éfant, luy réuerſa ſur le chef vne partie de l'eauë de ſenteur: qui fut vn preſage des bonnes odeurs, dont il deuoit remplir toute la France, des fleurs de ſes eſcrits. Il ne fut l'aiſné de ſa maiſon, ains eut cinq freres naiz auparauant luy, dont les deux moururēt au berceau, trois autres auec noſtre Rōſard reſterēt, dont l'aiſné fut Claude de Rōſard, qui ſuiuit les armes. Loys qui eſtoit l'vn des trois, fut Abbé de Tyron, & de Beau-lieu. Quant à Pierre, ſon pere le fit inſtruire en ſa maiſon de la Poiſſonniere, aux premiers traits des lettres par vn precepteur qu'il y tint expres, iuſques à l'age de neuf ans, qu'il le fit amener à Paris, au college de Nauarre, où eſtoit lors Charles Cardinal de Lorraine, qui le cognut, & l'aima pour ſes vertus: peſant ſon pere qu'il deuſt cōtinuer l'eſperāce qu'il auoit conceüe de luy, lors qu'auec vne ſi grāde viuacité d'eſprit, il ſurpaſſoit tous ſes freres à cōprendre les premiers cōmencemens des lettres. Il n'auoit pas eſté demy-an ſous vn regēt nōmé de Vailly, quand rebuté par la rudeſſe de ſes precepteurs, cōme ordinairemēt vn beau naturel ne veut eſtre forcé, il cōmēça à ſe degouſter de l'eſtude des lettres. Dequoy ſon pere aduerty, le fit venir en Auignon, où pour lors eſtoit le Roy, ſur les preparatifs d'vne grāde & puiſſante armée, contre l'Empereur Charles cinquieſme, & le dōna pour page à Frāçois fils aiſné du Roy, le dediāt aux armes: auec lequel il ne fut que trois iours qu'il mourut à Tournon. De là il fut doné à Charles Duc d'Orléãs, où il cõtinua quelque téps fort agreable à son maistre, tãt pour vne beauté grande qui reluisoit en luy, que pour la bõne façon qui en vn age si tédre sébloit promettre quelque chose de bié grand à l'aduenir. Et de fait sur cette esperance, à fin de luy faire voir du païs, le Duc d'Orleans le donna à Iacques de Stuart, Roy d'Escosse, qui estoit venu pour espouser madame Madeleine fille du Roy Frãçois, qui l'emmena en son païs. En Escosse il demeura trente mois, & en Angleterre six: où ayãt appris la lãgue, en peu de temps, il acquit si grãde faueur pres de ce Prince, q̃ peu s'en falut que la Frãce ne perdist celuy qu'elle auoit nourry pour estre vn iour la trõpette de sa renõmée. Le bõ instinct toutefois de vray Frãçois le chatouilloit à toutes heures de reuenir en France: ce qu'il fit, & se retira vers le Duc d'Orleans son maistre, qui le retint en son escurie, où il auoit pour cõpagnon & familier amy le seigneur de Carnaualet. Mais cõme le Duc d'Orleans eut pris garde que Ronsard en tous exercices estoit le mieux apris de ses pages, fust à danser, luitter, sauter, ou escrimer, fust à mõter à cheual, & le manier, ou voltiger, ne voulãt qu'vn si beau naturel s'engourdist en paresse, il le despescha pour quelques affaires secrettes en Flãdres & Zelãde, auec charge expresse de passer iusques en Escosse: ce qu'il fit, s'estãt embarqué auec le sieur de Lassigny, Gẽtil-hõme Frãçois.

Auquel voyage, pensant tirer en Escosse, l[e] vaisseau auquel il estoit, fut tellement, duran[t] trois iours, pourmené par la tépeste, qu'il cui[-]da sur la coste d'Angleterre estre brisé contr[e] vn rocher: mal-heur qui fut seulement differé pour sauuer principalemét nostre futur Ario[n] d'vn tel naufrage: car le Nauire qui auoit e[s-]chappé tát de dágers, apres auoir laissé sa char[-]ge sur la rade d'Escosse, sans peril fit naufrag[e] au port, brisé & enfódré auec tout le bagage que le plus grád soin de sauuer la vie laissa à l[a] mercy des flots. Retourné qu'il fut de ce voya[-]ge, ayant attaint l'âge de quinze à seize ans i[l] sortit hors de page, ayát esté audit Duc d'Or[-]leás cinq ans, & l'an 1540. fut mis en la cópa[-]gnie de Lazare de Baïf, grand personnage, & des plus doctes de ce téps là, lequel ayát ja est[é] employé en belles & grádes charges, alloit lor[s] Ambassadeur pour le Roy à Spire, ville Imperia[-]le d'Alemagne, où l'on deuoit tenir vne Diete. En ce voyage il cómença à pratiquer auec iu[-]gemét les meurs & façós estrágeres, à obseru[er] curieusemét les choses plus remarquables, & faire son profit de toutes. Il apprit en peu de téps la lágue Alemáde, ayát l'esprit capable de toutes disciplines, qu'il façóna beaucoup en la cópagnie d'vn si sçauát personnage, q̃ les plus doctes d'Alemagne recherchoiét, nó tát pour le rág qu'il tenoit, que pour sa doctrine singu[-]liere. Apres ce voyage il en fit vn autre en Pie[-]mont, auec ce grád Capitaine de Langey pour faire seruice au Roy en la profession, où le flo[t] les affaires du têps, & nõ l'inclinatiõ de sa nature le poussoit. S'estant puis apres retiré à la court, il luy auint vn mal-heur, s'il faut appeller de ce nõ, ce qui fut cause d'vn si grand bié. C'est que pendant qu'il estoit en Alemaigne, fut côtraint de boire des vins tels qu'on les rouue, la plus grand part, souffrez & mixtionnez : Occasion, auec les tourmétes de mer, les incommoditez des chemins, & autres peines de la guerre, qu'il auoit souffertes, que plusieurs humeurs grossieres luy monterét au cerueau, tellement qu'elles luy causerent vne defluxion, & puis vne fiéure tierce, dont il deuint sourdault : maladie qui luy a côtinué iusques à la mort, & qui a semblé auoir esté fatale à nos Poëtes, comme à du Bellay, à nostre Dorat, & autres : ainsi que la perte de la veuë aux excellens Poëtes Grecs, Thamire, Tiresie, Stesichore, comme pareillement au diuin Homere, qui sur la fin de ses voyages, s'estãt embarqué auec le marinier Mentes, pour apprendre les diuerses façons des peuples, & la nature des choses, ayant abordé l'Isle d'Itaque, receut vn catharre sur les yeux, qui luy fit perdre la veuë estant arriué à Colophone. Voila comment deux grans Poëtes, par vn presque semblable sort se virét priuez de sens fort necessaires : Homere, les escrits duquel tout le monde deuoit voir, & lire si soigneusemét, de celuy de la veuë : & Ronsard, dõt la douce cadence des vers deuoit estre recueillie des plus delicates oreilles du mõde, de celuy de l'ouye.

l'appelleray toutefois ce malheur bien-heureux, qui fut cause que Ronsard, qui po[ur]
s'auancer pres des grans, par le chemin d[es]
courtisans, eut peut-estre perdu son tem[ps]
inutilement, changea de dessein, & reprit l[es]
estudes laissees, encor qu'il eust ja assez bo[n]-
ne part aux graces du Roy Henry, nouuellement venu à la couronne, qui l'estimoit ent[re]
tous les Gentils-hommes de sa Court, po[ur]
emporter le prix en tous les honnestes exe[r]-
cices, esquels la Noblesse de France estoit o[r]-
dinairement addonnée. Ce que Dorat, s[on]
precepteur, & le pere de tous nos Poëtes,
tesmoigné en l'Ode, qu'il fit à Ronsard, qua[nd]
il dit de luy:

  O flos virûm &
  Decus oliui, aut illius
  Virilis quo oblinitur
  Et artus terit
  Amiclæa pubes,
  Aut illius quod hilares
  Ferè Camœnæ obolent.

Et en suiuant,

  Nam seu quis artem sinuosáq;
  Corporis volumina velit,
  Quibus corpus aptè
  Vel in equum, vel de equo
  Volans micat in audacibus
  Pugnis, stupebit dicatum grauibus vmbris
  Musarum, agilibus quoque
  Saltibus Martis expedisse membra.

Outre que sa grace & sa beauté le rend[oient]

P. DE RONSARD.

[agré]able à tout le monde: car il estoit d'vne [sta]ture fort belle, Auguste & Martiale, auoit [les] membres forts & proportionez, le visage [no]ble, liberal & vrayment François, la barbe [on]doyante, cheueux chastains, nez aquilin, [les] yeux pleins de douce grauité, & le front [fort] serein: mais sur tout sa conuersation estoit [belle] & attrayante. Ayant esté nourri auec la [ieu]nesse du Roy, & presque de pareil âge, il [com]mençoit à estre fort estimé pres de luy. Et [de] fait, le Roy ne faisoit partie, soit à la luite, [ou] au balon, & autres exercices propres à de[gour]dir & fortifier la ieunesse, où Ronsard [ne] fust tousiours appellé de son costé. Or, [quel]que faueur qui le peust chatouiller, & qui [sem]blast le semondre à vne belle fortune, de[me]urant en la Court, considerant qu'il estoit [mal]aisé auec le vice d'oreilles de s'y auancer, [&] y estre agreable, où l'entretien & discours [son]t plus necessaires que la vertu, & où il faut [aus]tost estre muet que sourd, il pensa de tras[fer]er l'office des oreilles aux yeux par la lectu[re] des bons liures, & se mettre à l'estude à bon [es]cient: comme au côtraire, par semblable ne[cess]ité toutesfois, Homere s'estoit serui des [or]eilles pour la veuë. Et ce qui luy augmenta [le] desir, fut vn Gentil-homme Piemontois, [n]ommé le seigneur Paul, frere de Madame [Ph]ilippes, qui fut mere de Madame de Cha[st]elleraut, lequel auoit esté page auec Ron[sa]rd, & ne laissoit de hanter l'Escurie du Roy, [q]ui estoit lors vne escole de tous honnestes &

vertueux exercices, comme aussi faisoit R[onsard]
sard, or que tous deux fussent sortis de p[...]
Ce Gentil-homme auoit fort bien estudié [les]
Poëtes Latins, & mesmes, lors qu'il estoit [pa-]
ge, auoit aussi souuent vn Virgile en la m[ain]
qu'vne baguette, interpretant aucunefoi[s à]
Ronsard quelques beaux traits de ce gra[nd]
Poëte, où il prit si grand appetit, que depui[s]
ne fut iamais sans vn Virgile, iusques à l'ap[pren-]
dre entierement par cœur. Il ne laissoit [tou-]
tesfois d'auoir tousiours en main quelq[ue]
Poete François, qu'il lisoit auec iugement, [&]
principalemét, comme luy mesmes m'a ma[intes-]
tesfois racôté, vn Iean le Maire de Belges, [le]
Romant de la Rose, & les œuures de Coqu[il-]
lart, & de Clement Marot, lesquels il a dep[uis]
appellé, côme on lit que Virgile disoit d'Enn[ius]
les immondices, dont il tiroit de riches lim[ai-]
res d'or. Fust donc par la lecture de ces liure[s,]
fust par la hantise de ce docte Gétil-homm[e]
qui luy donna entieremét le goust de la Po[e-]
sie, & le premier ietta en son esprit la semen[ce]
de tant de beaux fruicts, qu'il a enfanté depu[is]
à l'honneur de nostre Fráce, l'an mil cinq ce[ns]
quarante trois il fit trouuer bon à son pere [le]
desir de se remettre aux lettres, mais non [l']
intention qu'il s'adonnast à la Poesie, luy d[e-]
fendant expressémét de tenir aucû liure Fra[n-]
çois. Mais quoy? vn tel esprit qui dés sa naiss[an-]
ce auoit receu cette scintille & fatale impres[sion]
pour la Poesie qu'on ne peut destourner, ne [se]
pouuoit forcer d'autres loix que des sienn[es]

[...]pres : ioint que son pere mourut bien tost[...] à sçauoir le sixiesme iour de Iuin 1544. [...] ville de Paris, seruãt son quartier chez le [...]y. Ronsard donc voulant recompenser le [...]ps perdu, ayant le plus souuent pour com[...]non le sieur de Carnaualet, se desroboit de [...]curie du Roy, où il estoit logé aux Tour[...]les, pour passer l'eau & venir trouuer Iean [...]rat, excellét personnage, & celuy que l'on [...] dire la source qui a abbreuué tous nos [...]es des eaux Pieriennes, & auquel ie doy [...] vne partie de mes estudes. Dorat demeu[...]lors vers l'Vniuersité, chez le seigneur La[...] de Baïf, Maistre des Requestes ordinaire [...] hostel du Roy, & enseignoit les lettres [...]ecques à Ian Antoine de Baïf, son fils, per[...]nage aussi des plus doctes & des premiers [...]mpaignõs de Ronsard, & maintenãt vn des [...]niers suruiuãt à cette docte volée de bons [...]rits, qui se fit paroistre en ce temps là. De[...] Ronsard ayant sçeu que Dorat alloit de[...]rer au college de Cocqueret, dont on l'a[...]it fait Principal, ayãt souz sa charge le ieu[...]Baïf, il delibera de ne perdre vne si belle oc[...]ion, & de se loger auec luy : car ayant ja esté [...]me charmé par Dorat du phyltre des bõnes [...]tres, il vit bié que pour sçauoir quelque cho[...] & principalement en la Poesie, il ne faloit [...]lement puiser l'eau és riuieres des Latins, [...]is recourir aux fonteines des Grecs. Il se fit [...]mpagnõ de Ian Antoine de Baïf, & cõmen[...] à bon escient par son emulation à estudier.

Vray est qu'il y auoit grande difference : [c]
Baïf estoit beaucoup plus auancé en l'vne [&]
l'autre langue, encor que Ronsard surpass[ast]
beaucoup Baïf d'âge, l'vn ayant vingt ans pa[s]
sez, & l'autre n'en ayât que seize. Neantmoi[ns]
la diligence du maistre, l'infatigable trau[ail]
de Ronsard, & la conference amiable de Ba[ïf]
qui à toutes heures luy desnoüoit les plus fa[s]
cheux commencemens de la langue Grecqu[e]
comme Ronsard en contr-eschange disco[u]
roit des moyens qu'il sçauoit pour s'achem[i]
ner à la Poesie Françoise, furent cause qu'[en]
peu de temps il s'apperçeut d'vn grand aua[n]
cement. Et n'est à omettre, que Dorat par [vn]
artifice nouueau luy apprenoit la langue L[a]
tine par la Grecque. Nous ne pouuons au[ssi]
oublier de quel desir & enuie ces deux futu[rs]
ornemens de la France s'adonnoient à l'est[u]
de. Car Ronsard qui auoit demeuré en Cou[r]
accoustumé à veiller tard, estudioit iusques [à]
deux heures apres minuit, & se couchant r[e]
ueilloit Baïf, qui se leuoit, & prenoit la cha[n]
delle, & ne laissoit refroidir la place. En c[ette]
contention d'hôneur il demeura sept ans au[ec]
Dorat, continuant tousiours l'estude des le[t]
tres Grecques & Latines, & de la Philosoph[ie]
& autres bonnes sciences : pour lesquelles [il]
fut aussi auditeur d'Adrian Turnebe, Lecte[ur]
du Roy & l'honneur des lettres de son temp[s.]
Il s'adonna deslors souuent à faire quelqu[es]
Sonnets, & tels petits ouurages, premiers [es]
sais d'vn si braue ouurier. Quand Dorat e[ut]

que son instinct se deceloit à ces petits
chantillons, il luy predit qu'il seroit quelque
Homere de France : & pour le nourrir
viande propre, luy leut de plain vol le Prothée d'Aeschile, pour le mettre en plus
goust d'vne Poësie, qui n'auoit encor
la mer de deçà, & en sa faueur traduisit
Tragedie en François : laquelle si tost
Ronsard eut goustée. Et quoy, dit-il à
orat, mon maistre, m'auez vous caché si long
ps ces richesses ? Ce fut ce qui l'incita en-
tourner en François le Plutus d'Aristo-
ne, & le faire representer en public au col-
de Coqueret, qui fut la premiere Come-
Françoise iouée en France. Baïf aussi com-
luy y mit son enuie, & à l'exemple de ces
ieunes hommes, plusieurs beaux esprits
sueillerent, & vindrét boire en cette fon-
dorée, comme M. Antoine de Muret,
auoit ja grand auancement en l'eloquen-
Latine, Lancelot Carles, Remy Belleau, &
elques autres, qui tous ensemble à l'enuy
oient chacun iour sortir des fruicts nou-
ux, & non encore veus en nostre contree.
s Ronsard qui n'auoit ny faute de cœur
de sang vigoureux, ni de genereuse ambi-
on pour l'honneur, ny d'enthousiasme pour
onstrer que la Poësie estoit née auec luy en
ance, osa passer plus auant, & pria Dorat de
youurir le chemin d'Homere, de Pindare,
de Lycophron. Il ne vit pas si tost le passa-
ouuert, qu'il se fist maistre de la plaine.

Voyant que nostre langue estoit pauure, il ta[cha] de la desfricher, & enrichir, inuenta[nt] mots nouueaux, r'appellant & prouignant l[es] vieux, adoptant les estrangers, & la paran[t de] propres Epithetes, & de mots heureuseme[nt] composez. Brief il traça le chemin pour all[er] chercher des tresors en plus d'vn lieu, & su[p]pleer à sa necessité. Il essaya premieremét à [se] rompre, façoner & fortifier sur la Lyre d'H[o]race, lequel tant s'en faut qu'en le lisant & p[ra]tiquant en nostre langue il le desbauchast d'[es]ser quelque chose apres Pindare, que cela l[uy] seruit d'eguillon. Il ne faut, disoit-il, que [la] crainte se loge en vn bon cœur, qui luy fa[it] place, ou se rend indigne de ce qu'il preten[d]. Et la premiere Ode qu'il fit, fut la complain[te] de Glauque à Scylle. Il commença donc alo[rs] à pourpenser de grans desseins, ayant fa[it] prouision de tout ce qui estoit necessaire po[ur] mettre nostre langue hors d'enfance : car d'[vn] costé il auoit leu les autheurs Grecs & Lati[ns] auec tel mesnage, qu'il ne se presentoit gue[res] sujet où il ne fist venir quelque excellét tra[it] des anciens. D'ailleurs il s'estoit estudié a[ux] propres mots de nostre langue, ne dedaign[ant] d'aller és boutiques des artisans, & de prat[i]quer toutes sortes de mestiers, pour y appre[n]dre leurs termes : & comme Homere faiso[it] voyageant par le monde, estant en tous [ses] voyages si curieux, que de prendre garde a[ux] moindres choses pour en faire son profit, s[oit] pour la consideration des naturelles, ou [de]
cell[es]

elles que l'artifice des hommes rédoit dignes
estre cogneues. Environ l'an mil cinq cens
quarante neuf, Ioachim du Bellay, esprit noble, & bien nay, & qui auoit quelques bons
commencemens en la Poesie Françoise, estant
retourné de Poictiers, de l'estude des loix,
auquel il auoit esté dedié, changea beaucoup
son stil, qui sentoit encor ie ne sçay quoy de
rance, & du vieux téps, par la hantise de Ronsard, & de Baïf. C'estoit à qui mieux mieux feroit, tantost sur le suiet d'amour, qui se mon-
tra lors le plus ordinaire en nostre France, tá-
tost sur quelque occasiō que le téps presentoit
Come Ronsard, qui ne pouuoit plus se tenir en
ses bornes, fit premierement veoir le iour à vn
Epithalame sur le mariage de monsieur de Vé-
dosme, qui espousa madame Ieanne d'Albret,
royne de Nauarre: puis fit l'Entree du Roy,
qui fut suiuie de l'Hymne de la paix. Baïf aussi
a mesme temps mit en lumiere le Poeme de
la paix, & le rauissemét d'Europe. Puis Rōsard
estant ressouuenu d'vne belle fille qui auoit
nom Cassandre, qu'il eut seulemét moyen de
voir, d'aimer, & de laisser à mesme instant en
vn voyage qu'il fit à Blois, aiant lors attaint
l'age de vingt ans, il se delibera de la chanter,
comme Petrarque auoit faict sa Laure, amoureux seulement de ce beau nom, ainsi que luy
mesmes m'a dit autrefois: ce qu'il semble quasi
vouloir donner à cognoistre par cette deuise
qu'il print alors, ΩΣ ΙΔΟΝ ΩΣ ΕΜΑ-
ΝΗΝ: & par vn lieu en ses œuures, où il dit,

Soit le nom faux ou vray.

Ainsi que le bruit couroit des Amours d[e] Cassandre, & de quatre liures d'Odes, que [ce] Ronsard promettoit à la façon d'Horace & [à] celle de Pindare: comme ordinairement le[s] bons esprits sont ialoux les vns des autres, D[u] Bellay, qui auoit sur le mesme sujet d'amou[r] chanté son Oliue, apres luy sans mot di[re] pensant preuenir la renommée de Ronsard, f[it] imprimer son Recueil de Poësie: ce qui engen[-] dra en Ronsard, sinon vne enuie, à tout l[e] moins vne petite ialousie contre du Bellay, qui ne dura long temps: car comme les e[s-] prits ambitieux de gloire facilement se cour[-] roucent, aussi promptement se reünissent il[s,] les Muses ne pouuans estre seules, ains vi[-] uans tousiours en compagnie. Mais apre[s] qu'il eut faict imprimer ses Amours, & le[s] quatre liures des Odes, à ceste naissante gloi[re] de Ronsard s'opposa vn gros escadron d[e] petits rimeurs de Court, qui pour faire v[ne] Balade, vn Chant Royal, ou vn Rondeau au[quel] le refrain mal à propos, pensoient auoir seu[ls] merité tous les Lauriers d'Apollon. Le ch[ef] de ceste bande, pource qu'il sçauoit plus q[ue] les autres, & auoit acquis beaucoup de cred[it] enuers les grans, & principalement aupres d[u] Roy, osa bien se descouurir: & plus tost m[û] du cry de ces grenouilles courtisanes q[ue] de son iugement, pensoit troubler l'ea[u] Pegasine à cet Apollon nouueau, quand [de] mauuais cœur en pleine assemblee il calo[m-] deuant le Roy les œuures de Ronsard. Mais quoy? vn grand Poëte comme cestuy-cy ne deuoit pas auoir moins de Zoïles & de Cabiles qu'Homere & Virgile, puis qu'il deuoit succeder à pareille loüange. Il a touché luy-mesmes ceste querele en l'Hymne triomphal qu'il fit apres la mort de madame Marguerite, Royne de Nauarre, imprimé auec ses autres Epitaphes, faits par les trois sœurs Angloises, où se lisoit autrefois sur la fin:

Escarte loin de mon chef
Tout malheur & tout meschef,
Preserue moy d'infamie
De toute langue ennemie,
Et de tout acte malin,
Et fay que deuant mon Prince
Desormais plus ne me pince
La tenaille de Melin.

Mais en faueur de S. Gelais, qui rechercha depuis son amitié, il changea ces vers. Ceux qui n'auoient occasion de le reprendre, s'ils s'accusoient leur ignorāce, auoiét recours aux moqueries, faisans courir côtre luy leurs Rondeaux & Dizains, auec quelque froide poincte au dernier vers, & n'y eust il rien de bon à tout le reste: mais ces iniures n'estoient dignes du courroux d'vn tel Lion. Les autres, qui sembloient proceder auec plus de iugement, disoiét que ses escrits estoient pleins de vāterie, d'obscurité, & de nouueauté, & le renuoyoiét bien loin auec ses Odes Pindariques, tournans le tout en risée: dont est venu mesmes

F ij

le prouerbe, quand quelqu'vn veut farder & mignarder son lagage, ou faire quelque chose de nouueau, de dire, Il veut pindariser. Toutes lesquelles mesdisances il n'a point voulu celer luy mesmes en ses escrits, comme on peut voir au Sonnet à Pontus de Tyard, qui commence,

Ma Muse estoit blasmée à mon commencement,
D'apparoistre trop haute au simple populaire.

Et en vn autre endroit au cinquiesme liure des Odes, en celle à madame Marguerite, Duchesse de Sauoye, où il dit:

Mais que feray-ie à ce vulgaire,
A qui iamais ie n'ay sceu plaire,
Ny ne plais, ny plaire ne veux?

Et puis,

L'vn crie que trop ie me vante,
L'autre que le vers que ie chante
N'est point bien ioinct ne maçonné.

Raison pour laquelle, voyant que l'obscurité dont on le blasmoit, venoit de l'ignorance de ceux qui lisoient ses œuures, delibera d'escrire en stile plus facile les Amours de Marie qui estoit vne fille d'Anjou, & laquelle il entend souuent sous le nom du Pin de Bourgueil, qu'il a vrayment aimee, & de laquelle se lisent assez de Sonets, que le peu d'artifice & la pure simplicité recommandent. Et afin d'oster toute obscurité, M. Antoine de Muret & Remy Belleau dresserent des Annotations sur la premiere & seconde partie de ses Amours. Toutes ces calomnies en fin ressemblerent aux bouteilles que font les petits enfans, auec le sauon, qui se creuent aussi tost qu'elles sont faictes, & ne laissent aucune marque d'auoir esté : ou comme des nues, qui engendrees du brouillas d'vne nuict, s'euanouirent aux rayons de ce Soleil, par le moyen du soustien qu'eut sa vertu des plus grands esprits de la France, & principalement de madicte Dame Marguerite, qui fut depuis Duchesse de Sauoye : laquelle, estant sçauante, fit changer d'opinion au Roy, qui au contraire gousta tellement la beauté des œuures de Ronsard, qu'il estima à grand honneur d'auoir vn si bel esprit en son Royaume, & de là en auant le gratifia & d'honneurs, & de biens assez amplement, & de pension ordinaire. Luy mesme en l'Ode deuxiesme du cinquiesme liure tesmoigne assez, quel bon office luy fit cette Dame, escriuant qu'elle estoit

Seule en France
Et la colonne & l'esperance
Des Muses, la race des Dieux.

Et plus bas,

N'est-ce point toy docte Princesse,
Ainçois ma mortelle Déesse
Qui me donnas cœur de chanter ?

Messire Michel de l'Hospital, lors Chancelier de ladicte Dame de Sauoye, & depuis de France, entreprit la defense de Ronsard : & de faict composa vne tresdocte Elegie en son nom, où il respond à toutes les calomnies, laquelle i'ay pensé deuoir estre mise au iour auec ses œuures, aussi bien que le Poëme, que Ronsard mesme a inseré dans ses Hymnes. Le commencement de l'Elegie est tel,

Magnificis aulæ cultoribus atque Poëtis.

En recompense dequoy Ronsard luy enuoya ceste belle Ode, où confirmant ce que ie viés de dire, il faict dire par Iupiter aux Muses:

Suyuez donc ce guide icy,
De qui la docte asseurance
Franche de peur vous fera,
Et celuy qui defera
Les soldats de l'ignorance.

Cette brigade de muguets ignorans ne fut pas plustost desfaicte par l'Egide de ceste Pallas Françoise, & par les vers & defense de ce grád Chancellier, que toute la France commença à embrasser vn Ronsard, mesmes ses ennemis: entre autres Melin de S. Gelais, qui chanta vne Palinodie, & requit Ronsard d'amitié: laquelle Ronsard, côme il estoit d'vn cœur fort noble & benin, ne refusa, ains au contraire la confirma par le seau perdurable de ses vers, en cette Ode,

Tousiours ne tempeste enragée
Contre ses bors la mer Egée.

Sa gloire s'estant augmentee par les mesdisances de ses haineurs, & le cœur luy ayāt enflé, il proietta en l'honneur du Roy Henry & de ses predecesseurs Roys, d'escrire la Franciade à l'imitation d'Homere & de Virgile, & la promit deslors, mais il n'en fit rien voir durant son regne. Bien fit il sortir ses Hymnes pleins de doctrine & de Maiesté Poëtique, où il monstra comme il auoit l'esprit & le style ployable à toutes sortes d'argumens. Ce fut ce qui le fit estimer encor d'auantage des grās, & principalement du Cardinal de Chastillon, qui fauorisoit fort les hommes de lettres, & du Cardinal de Lorraine qui l'aima fort, & l'honora selon le merite de sa vertu. Il n'y auoit grand Seigneur en France, qui ne tint à grande gloire d'estre en son amitié, dont ses œuures font assez de foy. Ce fut aussi ce qui incita le sieur de Clany, à qui le Roy Henry auoit commis la conduite de l'architecture de ses chasteaux, de faire engrauer en demi-bosse sur le hault de la face du Louure vne Deesse en forme de Renommee, qui embouche vne trompette. Et comme vn iour le Roy estant à table luy demandoit ce qu'il vouloit signifier, il luy respondit qu'il entendoit Ronsard par la figure, & par la trompette la force de ses vers, qui poussoit son nom, & celuy de la France par tout le monde.

En mesme téps il reçeut de Thoulouze vne gratification, non seulement liberale, mais qui tesmoignoit le bon esprit & iugemét de ceux qui l'offroient, & le merite de celuy qui le receuoit. Chacū sçait le prix proposé à Thoulouze aux Ieux Floraux qui furent instituez

F iiij

par ceste noble Dame Clemence Isore, à celuy qui seroit trouué auoir mieux faict en vers, lequel est gratifié de l'Eglantine. Mais combien que ce prix ne se donnast qu'à ceux qui se presentoient, & qui auoient faict experience d'vn gentil esprit en la Poesie sur le champ, toutefois de la franche & pure liberalité du Parlement & peuple de Thoulouze, entre lesquels le sieur de Pibrac tenoit lors vn des premiers rangs, & par decret public, pour honorer la Muse immortelle de Ronsard, qu'ils appellerent par excellence, le Poete François, estimant l'Eglantine trop petite pour vn si grand Poete, luy enuoyerent vne Minerue d'argent massif de grand pris & valeur : laquelle, Ronsard, ayant receuë, presenta au Roy, qui l'eut fort aggreable, l'estimant beaucoup d'auantage qu'elle ne valoit, pour auoir seruy de marque à la valeur infinie d'vn tel personnage: louant aussi le faict des Thoulousains qui fort prudemment presentoient la Minerue à celuy qui estoit le plus doué de ses presens. Ronsard leur enuoya en recompense l'Hymne de l'Hercule Chrestien.

Apres la mort du Roy Henry, le Roy François deuxiesme son fils, luy ayant succedé, les troubles commencerent à s'esleuer en France, sous pretexte de Religion : qui donna occasion à Ronsard de s'opposer à ceste nouuelle opinion, & armer les Muses au secours de la Fráce, faisant voir le iour à ses Remóstrances, qui eurent tát d'efficace pour cóbatre les ennemis de l'Eglise Catholique, que le Roy & la Royne mere l'en gratifierent, comme aussi fit le Pape Pie cinquiesme, qui l'en remercia par lettres expresses. Au reste les Muses, qui à cause des diuisions entre les grans, sembloient auoir esté muettes, commencerét à se resueiller sous Charles neufiesme, bon & vertueux Prince, pere des bons esprits, lequel print Ronsard en telle amitié, admirant l'excellence de son diuin esprit, qu'il luy commanda de le suiure, & de ne le point abandonner, luy faisant marquer logis, & accommoder par tout où il alloit, mesmement au voyage de Bayonne, où il le voulut auoir tousiours aupres de soy. De ceste faueur il reprit courage, & plus que iamais s'echaufa à la Poësie, & mit en effect les proiects de la Franciade, dont il auoit dressé le dessein par argumens de quatorze liures que i'ay veus. Il luy en presenta quatre seulement, qu'il eut moyen d'acheuer, pendant que la faueur & l'enthousiasme durerent auec la vie d'vn si genereux Roy. Il luy presenta aussi, d'autant qu'il se plaisoit à la chasse & aux plaisirs rustiques, ses Eclogues: où il monstra la fecondité de son esprit, luy estant aussi facile d'abaisser son stile, comme il luy estoit aisé, & quasi propre & naturel de le hausser. Il m'a dit maintesfois, que plusieurs pieces de ses Amours & des Mascarades auoiét esté forgees sur le commandement des Grans. Voila pourquoy personne n'ignore en faueur de qui il fit les Amours d'Eurimedon & de

E v

Calliree, & ceux d'Astree. Quāt à Heleine de Surgeres, il s'est aidé de son nō, de ses vertus & de sa beauté pour embellir ses vers, & luy a cette gentille Damoiselle seruy de blāc, pour viser & non pour tirer ou attaindre, l'ayant aimee chastement, & principalement pour son gentil esprit en la Poësie & autres bonnes parties. Il me l'a tesmoigné souuent, & le monstre assez en ce Sonnet, *Tout ce qui est de sainct*. Il luy consacra vne Fonteine qui est en Vandomois, & qui encor auiourd'huy garde son nō.

Le Roy Charles, outre sa pension ordinaire, luy fit quelques dons liberalement: vray est qu'il disoit ordinairement en gaussant, qu'il auoit peur de perdre son Rōsard, & que le trop de biens ne le rendist paresseux au mestier de la Muse, & qu'vn bon Poëte ne se deuoit non plus engresser que le bon cheual, & qu'il le falloit seulemēt entretenir & nō assouuir. Neātmoins il le gratifia tousiours fort liberalemēt, & eust fait s'il eust vescu: car il n'ignoroit pas que les Poëtes ont ne sçay quelle sympathie auec la grandeur des Roys, & sont subjects à s'irriter, & fort sensibles aux disgraces, quand ils voyent la faueur ne respondre à leurs labeurs, comme il s'en est plaint en plusieurs endroits. Il fut si familier auec ce bon Roy, que le plus souuent il le faisoit venir pour deuiser & discourir auec luy, l'incitoit à faire des vers, & à le venir trouuer par vers qu'il composoit, lesquels se voyent encores imprimez parmy ses Oeuures: & trouuoit tellement bon ce qui venoit de sa part, que mesmes il luy permit d'escrire en Satyres, indifferemment côtre telles personnes qu'il sçauroit que le vice deust accuser, s'offrant mesmes à n'en estre exempt, s'il voyoit qu'il y eust chose à reprendre en luy.

Il luy donna l'Abbaye de Bellozane, & quelques Prieurez, & enuirõ ce temps deuint fort malade d'vne fieure quarte, dõt il pensa mourir, & qui neantmoins esbranla fort sa santé, le rendant depuis plus malade que sain. Et fut ceste annee remarquable, en ce que tous les Lauriers, Pallissades, & tendres arbrisseaux, & la plus grand part des arbres moururent. Ce fut ce qui donna occasion à Monsieur de Pimpont sur l'vn & l'autre sujet de faire ces doctes vers:

 Parce metu, Ronsarde, Iouis te regia nondum
Inuidit nobis, nec cœli iniuria totum
In Lauri grassata genus, populata decúsque
Arboreum, nuper clades te poscit olympo,
Augurium nec me vanæ docuere Camœnæ,
Sed lætum faustis retulerunt sortibus omen
Ista luit portenta suo vel funere Selua
Castra sequens, vel tu febri defunctus inerte
Monstra procurasti. At magnis vertentibus annis
Centum, signa dabit duri prænuntia luctus,
Atque tui in cœlum reditus pater Augur Apollo,
Nempè tuo assurgens sese Lyra contrahet astro,
Delitiásque lues inuadet Apollinis omnes:
Nec soli exitium Lauro tunc afferet ætas,
Sed tota lachrymans cum gente Hyacinthus abibit

*In nihilum, funestâ sibique à stirpe Cupressus
Desinet ablata humanis superare sepulchris:
Nec pòst se alterna poterunt reparare salute,
Materiémve vnquam redigent formamq́; capessent.
Fracta exul cythara incompti Pastoris auena
Mulcebit pecus, Admetum Phœbúsque requiret:
Insultans terræq́; nouo cœlum incremento
Gestiet, illa situ in squallorem decolor ibit.*

Il ne fut pas moins estimé du Roy qui est à present, duquel les tant heureuses victoires auoiét seruy de sujet à sa Muse, que du feu Roy Charles. Car le Roy, côme il a le iugemét tref-grand & admirable, estimant toutes choses à leur iuste valeur, le receut, l'oüit, l'aima & le gratifia tousiours volontiers. Mais d'autât que depuis douze ans les gouttes fort douloureuses l'auoiét assailly, tellemét qu'à grand peine pouuoit-il faire la court, sinon à son lict: voila pourquoy ceste honneste priuauté qui se doit acquerir & continuer par vne hantise ordinaire, ne fut telle que sous le Roy Charles, encores que son merite le recommandast assez, & le rendist tousiours present en la memoire de nostre bon & sage Roy. Il print telle amitié auec monsieur Galland, Principal du college de Boncourt, personnage de bon esprit, & digne d'vne telle rencontre, que depuis dix ans, venant à Paris à diuerses fois, il l'a tousiours choisy pour son hoste. Le dernier voyage qu'il y fit, fut au mois de Feurier mil cinq cés quatre vingts-cinq, & y demeura iusques au treiziesme du mois de Iuin ensuiuant: durant lequel temps il ne bougea presque du lict, tourmenté de ses gouttes ordinaires. Il passoit neantmoins le temps à faire quelques fois des vers, & entre autres fit l'Hynne de Mercure, qu'il me donna, où il descrit son mal, quand il commence ainsi:

Encor il me restoit entre tant de malheurs
Que la vieillesse apporte, entre tant de douleurs
Dont la goutte m'assaut, pieds, iambes, & ioincture,
De chanter ja vieillard les mestiers de Mercure.

Il fit faire vn coche pour s'en retourner en la côpagnie dudict Gallad, sans lequel il ne pouuoit viure, l'appellant ordinairement sa seconde ame, comme il declare assez en ce fragmét qu'il n'a peu acheuer, preuenu de mort.

Galland ma seconde ame, Atrebatique race,
Encor que nos ayeux aynt emmuré la place
De nos villes bien loing, la tienne pres d'Arras,
La mienne pres Vandosme, où le Loir de ses bras
Arrouse doucement nos collines vineuses,
Et nos champs fromentiers de vagues limoneuses,
Et là Lise les tiens, qui baignant ton Artois
S'enfuit au sein du Rhin, la borne des Gaulois:
Pour estre separé de villes & d'espaces,
Cela n'empesche point que les trois belles Graces,
L'honneur, & la vertu, n'ourdissent le lien
Qui serre de si pres mon cœur auec le tien.
Heureux qui peut trouuer pour passer l'auanture
De ce Monde, vn amy de gentille nature
Comme tu es, Galland, en qui les cieux ont mis
Tout le parfaict requis aux plus parfaicts amis.

Ia mon soir s'embrunit, & desia ma iournée
Fuit vers son Occident à demy retournée.
La Parque ne me veult ny me peut secourir:
Encore ta carriere est bien longue à courir,
Ta vie est en sa course, & d'vne forte haleine.
Et d'vn pied vigoureux tu fais iallir l'areine
Sous tes pas, aussi fort que quelque bon guerrier
Le sablon Ælean, pour le pris du Laurier.

Il se fit mener à Croix-val, qui estoit sa demeure ordinaire, pour estre vn lieu fort plaisant, & voisin de la forest de Gastine, & de la fonteine Bellerie, par luy tant celebrez, & pour estre le pays de sa naissance. Mais comme il aimoit à changer, au mois de Iuillet il se feit porter à son Prieuré de S. Cosme, y demeurât huict ou dix iours pour retourner à Croix-val, où il seiourna assez long temps. Le XXII, du mois d'Octobre il escriuit audit Galland, & le sujet de ses lettres estoit, qu'il estoit deuenu fort foible & maigre depuis quinze iours, qu'il craignoit que les feuilles d'Autonne ne le veissent tomber auec elles: que la volonté de Dieu fust faicte, & qu'aussi bien parmy tât de douleurs nerueuses, ne se pouuant soustenir, il n'estoit plus qu'vn inutile fardeau sur la terre le priant au reste de l'aller trouuer, estimant sa presence luy estre vn remede.

Quelques iours apres, comme la douleur luy augmentoit, & que ses forces diminuoient, ne pouurât dormir pour l'indigestion, & grandes douleurs qu'il sentoit, il enuoya querir auec vn Notaire le Curé de Ternay, au-

quel il deposa le secret de sa volonté, ouït la
Messe en grãde deuotion: & s'estãt faict habil-
ler premierement, receut la saincte commu-
nion, ne voulãt tant à son aise receuoir celuy
qui auoit tant enduré pour nous, regrettant la
vie passée, & en preuoyant vne meilleure. Ce
fait, il se fit déuestir & remettre au lict, disant,
Me voila au lict attẽdant la mort, terme & passage cõmun d'vne meilleure vie, quãd il plaira
à Dieu m'appeller, ie suis tout prest de partir.
Il réuoya le Notaire, luy disant qu'il n'y auoit
encor rien de pressé, & qu'il se portoit mieux
apres auoir mis toute sa fiãce en Dieu. Le sieur
Galland arriua le trentiesme d'Octobre à Mõ-
toire, en vn de ses Benefices nõmé S. Gilles, di-
stant de lieüe & demie de Croix-val, où il s'e-
stoit retiré pour la crainte de ceux de la nouuelle opinion, qui rompus du siege d'Angers,
espars venoient fondre en ce pays. Il y seiourna six iours, y ayant solennisé la feste de Tous-
sains. De là retourna à Croix-val le lendemain, accompagné dudit Galland, auquel il fit
escrire vn Epigramme en forme d'inscription,
parlant à son Ame en ceste sorte.

Amelette Ronsardelette,
Mignonnelette doucelette,
Tres-chere hostesse de mon corps,
Tu descens là bas foiblelette,
Pasle, maigrelette, seulette,
Dans le froid Royaume des mors:
Toutefois simple, sans remors
D'meurtre, poison, & rancune,

Mesprisant faueurs & tresors
Tant enuiez par la commune.
Passant, i'ay dit, suy ta fortune,
Ne trouble mon repos, ie dors.

Luy disant, Ie me suis souuenu d'vn ancien Epigrãme Latin, lequel pour passer temps ie desirois rédre plus Chrestiennemét qu'il n'est, mais depuis il quitta tous passe-temps, & ne medita plus que choses dignes d'vne fin Chrestienne. Car inquiete & ne pouuant dormir, il se plaignoit incessamment, & pour trõper son mal, preuoyant neantmoins sa mort prochaine, medita l'Epitaphe en six vers pour grauer sur son Tombeau, qui est tel,

Ronsard repose icy, qui hardy dés enfance
Destourna d'Helicon les Muses en la France,
Suiuant le son du Luth, & les traits d'Apollon.
Mais peu valut sa Muse encontre l'éguillon
De la Mort, qui cruelle en ce Tombeau l'enserré:
Son ame soit à Dieu, son corps soit à la terre.

Et semble que bien à propos il ait auancé, se doutant de l'ingratitude de nostre siecle, luy-mesme son Tõbeau, ou se desfiant, ce croy-ie, qu'il se peust rencontrer autre personne qui luy bastist assez dignement: ce qui m'a faict escrire de luy les vers qui suiuent:

Non, Ronsard n'est point mort, la Muse est
  immortelle:
Ou si Ronsard est mort, c'est vn Phenix nouueau,
Qui n'ayant son pareil soy-mesme renouuelle,
Et suruit à sa cendre, animant son Tombeau.

Or qu'il ait satisfait à luy-mesme en ce que les autres attendent d'autruy, & que pour luy grauer vn digne Tombeau, il ne faluſt vſer que de ſes propres vers, & prendre ce qu'il a dit de luy-meſme au premier diſcours à Geneure, quand il eſcrit,

Ie ſuis Ronſard, & cela te ſuffiſe.

Toutefois pluſieurs ſçauās perſonnages, que i'ay prié de ce deuoir, luy ont graué maint Tombeau, non pour illuſtrer d'auantage ſa gloire, mais pour n'obſcurcir la noſtre, ſi nous faiſions autrement. De ma part auſſi ie ne me ſuis peu contenir, que ie ne luy aye fait cette petite inſcription,

Le fertil Vandomois naiſſance me donna,
La grandeur de nos Roys à mes vers s'eſtonna,
La Touraine mes os deſſus ſes fleurs aſſemble:
I'ay ioint Pallas, Cypris, & les Muſes enſemble.

Les nuicts enſuiuantes, eſquelles il ne pouuoit dormir, quelques remedes qu'il euſt eſprouué, ayāt vſé de pauot en diuerſes façons, tantoſt de la fueille cruë en ſalade, puis cuite, tantoſt de la graine, & de l'huyle que l'on en tire, & de pluſieurs autres remedes qu'on reſerue aux extremitez, il continua à faire quelques Stances, & iuſques à quatre Sonnets, leſquels au matin il recitoit au Sieur Galland, pour les eſcrire, ayant la memoire & la viuacité de l'eſprit ſi entieres, qu'elles ſembloient arguer de feinte l'extreme foibleſſe de ſon corps. Le lōg du iour tous ſes diſcours eſtoiēt pleins de belles & graues conſideratiōs, meſmes sur les affaires d'estat & du monde. Cõme il languissoit ainsi, seiournant encor quinze iours à Croix-val, il luy prit enuie de se faire transporter à Tours en son Prieuré de S. Cosme, tant pour recouurer plus facilement toutes ses commoditez, & subuenir à sa maladie, que pour satisfaire à l'opinion qu'il auoit que le changement d'air luy apporteroit quelque secours. Il n'eut pas esté huict iours en ce lieu, que ses forces se diminuant à veuë d'œil, & se voyant & sentant mourir, il fit venir l'Aumosnier de S. Cosme, l'vn de ses Religieux, agé de xxxv. ans, auquel apres plusieurs propos, luy ayant demãdé de quelle resolution il vouloit mourir, fort promptement & aigremẽt il luy respondit, N'ay-ie point assez fait cognoistre ceans ma volonté, & le but de ma religiõ, pour iuger par ma vie, comme il faut que ie meure? L'Aumosnier luy dit lors, qu'il ne l'entendoit en cette sorte, mais que ce qu'il luy auoit dit, estoit pour sçauoir s'il vouloit ordõner quelque chose par forme de derniere volonté, & pour tirer de luy mesmes cette resolution de bien mourir, qui a grand efficace, quand elle naist en nous mesmes sans l'attendre d'autruy. Ronsard alors print la parole, & luy dit: Ie desire donc que vous & vos confreres soyez tesmoins de mes dernieres actions. Lesquels venus, il commença à discourir de sa vie, monstrant auec grande repentance, qu'il renonçoit à toutes les blandices de ce monde, s'esiouissant que par ses douleurs Dieu l'eust comme reueillé pour n'oublier celuy qu'en prosperité nous oublions ordinairement: le remerciant de bon cœur de ce qu'il luy auoit doné temps de se recognoistre, demandant pardon à chacun, disant à toute heure, Ie n'ay aucune haine contre personne, ainsi me puisse chacun pardonner. Puis s'adressa à ses Religieux, les enhortant de bien viure, & de vaquer soigneusement à leur deuoir: Que la mort la plus douce estoit celle, à qui la propre consciéce n'apportoit aucun preiugé de crimes & meschácetez. Ce fait, il pria que l'vn des Religieux celebrast deuant luy, & apres il se fit administrer les Sacremens, attendant auec vne grande constance & resolution, à laquelle il s'estoit de long temps preparé, que Dieu disposast de luy. Le lendemain il composa les deux derniers Sonnets, qu'il fit escrire par vn de ses Religieux, entretenant son ame, & l'incitant d'aller trouuer Iesus-Christ, & de marcher par le chemin qu'il auoit frayé, finissant ses vers & sa vie heureusement par ces beaux mots de Iesus-Christ, & d'Esprit: lequel il rédit à Dieu apres auoir esté visité des plus honestes familles de Tours, desnué de toutes ses forces naturelles, mais plein de foy & de ferme resolutiõ, sur les deux heures de nuict, le Vendredy vingt-septiesme du mois de Decembre 1585. Et fut enterré en l'Eglise dudit S. Cosme: qui m'a donné occasion de luy dresser encor ce petit monument en la langue, de la despouille de laquelle il a tant enrichi & fait triompher la nostre.

κόσμος ἄκοσμος ἔlù ὅτε κόσμος ὁ Ῥώνσαρδος
κόσμον ἐκόσμησεν κόσμῳ ἐῶν ἐπέων.
Νῦν δὲ θανόντος ἔχῃ τύμβος κοσμᾶ ἐνὶ ναῷ
ὀστέα, τῆς φήμης μνῆμα δ' ἐ κόσμος ὅλος.

Presque en vn mesme temps sont aussi decedez aucuns des plus excellens hommes de nostre Europe, à sçauoir le Cardinal Sirlet, Paul de Foix, Guy du Faur, sieur de Pybrac, Charles Sigon, M. Antoine de Muret, & Pierre Victor, & qui semblent, ennuyez de nostre siecle, ou plustost effrayez de nos futurs malheurs, auoir voulu s'eclipser de nous, pour nous laisser sans regret, en nos regrets & tenebres. Ce que le mesme Sieur de Pybrac semble auoir preueu, lors qu'il dit,

Quand tu verras que Dieu au Ciel retire
A coup à coup les hommes vertueux,
Dy hardiment, l'orage impetueux
Viendra bien tost esbranler cest Empire.

C'est tout ainsi que celuy qui voyāt que le feu voisin doit bien tost enuahir sa maison, retire & sauue ses meubles plus precieux. L'on a remarqué souuent des presages auoir deuancé la mort des grans & illustres personnages, cōme il est aduenu en celle de Rōsard. Car yn an auparauant son trespas, ne sçay quel Poëtastre, plus mal presagieux que les Corbeaux & Hiboux, fit imprimer vn liuret qu'il intituloit, Les Epitaphes, mort & dernieres paroles de Pierre de Ronsard. Cela fut veu & sceu de tout le monde, qui creut quelque temps que Ronsard estoit mort, non sans grand regret, encor que cette nouuelle fut descouuerte aussi tost estre faulse, aussi bien que les vers que ce Corbeau vouloit attribuer à ce Cygne. Quand on raconta cette nouuelle à Ronsard, il ne s'en fit que rire, s'esbahissant toutefois comme nostre siecle pouuoit porter des esprits si miserables : & me souuient qu'il me dist vn iour à ce propos, au dernier voyage par luy fait à Paris, qu'il ne se falloit esbahir, si ces esprits naiz en despit des Muses, le faisoient mourir quand ils vouloient, veu que par leurs contagieux esprits ils faisoient mourir la pureté de nostre langue, & de la Poesie. Cette mort feinte fut neantmoins estimée de mauuais augure : & voicy vn Epigramme que Ian Dorat fit quand il sceut la verité.

Iam semel atque iterum tua mors, Ronsarde, per urbem
Sed falso vulgata, vel omnem terruit orbem,
Sole bis extincto toti qui luxerat orbi :
Et tanti mors ipsa foret si vera fuisset,
Vt tua tot lacrymis se sensent umbra requiri.
Nunc magis atque magis te mortis gloria saluo
Letitia cumulet, tua funera falsa, superstes
Qui legis ipse tuum luctum, titulumque perennem,
Qualis ab Aurato tumulo sculpetur inani.
Vnus tu Ronsardus eras, Graecis quod Homerus,
Virgilius Latiis, Francis quod tota Poësis.

La nouuelle de sa mort trop vraye apportée par le Sieur Galland, fut d'autant plus regrettée, que nous aurons ia par la faulse nouuelle premiere gousté & apprehendé la perte que nous faisons perdant vn Ronsard, l'honneur & l'estonnemét de la France, ainçois du monde : nous estans comme preparez par ce faux bruit à le regretter à l'égal de la perte vrayment depuis aduenue. Aussi ledit Galland, n'ayant enseueli l'amitié qu'il luy portoit sous vn mesme Tombeau, faisant ce que la France deuoit faire, fit dresser vn magnifique appareil en la chapelle de Boncourt, là où furent celebrees les funerailles fort solennellement, le Lundi vingt-quatriesme de Feurier, 1586. Le seruice mis en Musique nombree, animé de toutes sortes d'Instrumens, fut chanté par l'eslite de tous les enfans des Muses, s'y estans trouuez ceux de la Musique du Roy, lequel y adiousta son commandement, & regreta à bon escient le trespas d'vn si grand personnage, ornement de son Royaume. Ie n'aurois iamais fait, si ie voulois descrire par le menu les Oraisons funebres, les Eloges, & vers qui furent ce iour sacrez à sa memoire, & combien de grans Seigneurs auec monseigneur le Duc de Ioyeuse, & monseigneur le Cardinal son frere, ausquels Ronsard auoit cet honneur d'appartenir, honorerent cette pompe funebre, accompagnez de la fleur des meilleurs esprit de la France. Apres disner le sieur du Perron prononça l'Oraison funebre, auec tant d'eloquence & si grande affluence de peuple, que plusieurs Princes & grans Seigneurs furent contraints de s'en retourner, pour n'auoir peu entrer. Le desordre & confusion du peuple qui s'entrepressoit pour entédre, augmenta plustost l'honneur de son eloquence, & tesmoigna combien la gloire de Ronsard & la perte en estoit grande, ou il sembloit que le public & chacun en particulier eust interest, y abordant de tous costez. A l'issue de l'Oraison fut representee vne Eclogue par moy faite, pour fermer cet acte funebre. Voila la fin de celuy qui auoit donné commencement & accroissement à l'honneur de la langue & Poesie Françoise, & qui possible l'a enseuely auec soy sous mesme sepulture. Il fut en toute sa vie autant curieux, & s'il faut ainsi dire, ambitieux du vray honneur que la vertu nous apporte, comme espargnant de celuy d'autruy, n'ayant jamais offensé personne, s'il n'estoit prouoqué auparauant. Vray est qu'il s'est quelquefois courroucé contre ceux qui brouilloient le papier, & qui ne faisoient à son gré, comme on peut voir au second liure des Poëmes, en celuy escrit à Christophle de Choiseul. Sur ses derniers iours me faisant cet honneur de me communiquer familierement, tant les desseins de ses ouurages, que les iugemens qu'il donnoit des escriuains du iourd'huy, il se plaignoit fort de ne sçay quelles façons d'escrire, & inuentions fantastiques & melácholiques d'aucuns de ce téps, qu'il voyoit s'authoriser parmi nous, & qui ne se r'apportent non plus que les songes entrecoupez d'vn frenetique, ou d'vn fieureux, duquel l'imagination est blessee. O, disoit-il, que nous sommes bien tost à nostre barbarie, que ie plains nostre langue de voir en naissant son trespas. Puis me parlant de tels autheurs qui s'ampoullent & font sans chois Mercure de tout bois, ils ont, me disoit-il, l'esprit plus turbulent que rassis, plus violent qu'aigu, lequel imite les torrens d'hyuer, qui attrainent des montaignes autant de boüe que de claire eaue : voulant euiter le langage commun, ils s'embarassent de mots & manieres de parler dures, fantastiques, & insolentes, lesquelles representent plustost des Chimeres, & venteuses impressions des nuës, qu'vne venerable majesté Virgilienne : car c'est autre chose d'estre graue & maiestueux, & autre chose d'enfler son stile & le faire creuer. Puis, faisant vne parodie sur vn vers d'Homere, quand Andromache dit à son Hector, le voyant sortir hors la porte tout armé, Ta vaillance te perdra : Ainsi (disoit-il) le chaud bouillon de la ieunesse de ces singes imitateurs, & l'impetuosité de leur esprit, conduit seulement de la facilité d'vne nature deprauee, sans artifice laborieux, perdra leur naissante reputation : Disant au reste, que quelques vns d'iceux eussent peu estre capables de la Poesie, & d'estre mis au rang des bons Poetes, s'ils eussent peu receuoir correction. Mais parlant de quelques autres, qui suiuants cette bande prostituent les Muses, & les habillent & desguisent à leur mode, il ne peut vn iour se tenir qu'il ne me dictast sur le champ ces vers :

Bien

Bien souuent, mon Binet, la troupe sacrilege
Des filles de Cocyte entre dans le college
Des Muses, & vestant leurs habits empruntez
Trompent les plus rusez de caquets eshontez,
Qui rampent cautement, se coulent & se glissent
Au cœur des auditeurs, qui effrayez pallissent
Estonnez du murmure, & du jargon des vers:
Et plus ils sont bouffis, plus courent de trauers:
Et plus ils sont creuez de sens & de paroles,
Plus ils sont admirez des troupes qui sont foles.
Tels farouches esprits ont vn coup de marteau
Engraué de naissance au milieu du cerueau,
Empeschant de preuoir de quel saint artifice
On appaise les Sœurs pour leur faire seruice,
Qui demandent des fleurs, & non pas des chardons,
Non des coups de canons, ains des petits fredons.
Ie les ay veu souuent courir parmi les ruës
Seruir de passetemps à nos troupes menues,
De ris & de iouët, ou bien sus vn fumier
Ils meurent à la fin, leur tombeau coustumier,
Et iureurs & vanteurs meurent à la tauerne,
Comme gens desbauchez que la Lune gouuerne.

Il disoit ordinairement que tous ne deuoiét
temerairement se mesler de la Poësie: que la
prose estoit le langage des hommes, mais la
Poësie estoit le langage des Dieux: & que les
hommes n'en deuoient estre les interpretes,
s'ils n'estoient sacrez dés leur naissance, & de-
diez à ce ministere. Il estoit ennemy mortel
des versificateurs, qui pensent auoir faict vn
grand chef d'œuure, quand ils ont mis de la
prose en vers. Car comme Michel-ange

G

peintre & sculpteur tres-excellent, diroit pour vn secret en son art, que la parfaite peinture doit approcher de la sculpture, & la representer autant que l'art le permet, & au contraire que la sculpture doit du tout s'eloigner de la plate peinture: ainsi la prose peut bien exprimer les ornemens de Poesie, & les vestir modestement. Mais la Poesie doit estre toute releuee en bosses & fleurs apparoissantes, & fuyr du tout le stile plat & Prosaïque, comme son contraire.

Les premiers Poetes & escriuains qu'il a estimé auoir commencé à bien escrire, ont esté Maurice Sceue, Hugues Salel, Anthoine Heroet, Melin de S. Gelais, Iacques Pelletier, & Guillaume des Autels. Quant aux autres qui ont suiuy plus heureusement, ils sont assez cogneus & remarquez par leurs œuures. Il aima & estima sur tous pour la grãde doctrine, & pour auoir les mieux escrit, Pontus de Tyard, Iean Ant. de Bayf, Ioachim du Bellay, Estienne Iodelle, Remy Belleau, qu'il appelloit le peintre de nature, Estienne Pasquier, Amadis Iamin, qu'il auoit nourry auec soy, Robert Garnier Poete tragique, Philippes des Portes, Florent Chrestien, Sceuole de Saincte Marthe, Iehan Passerat, I. D. Perron, Bertaud, & I. de la Peruse, & quelques autres, dont le iugement est en ses œuures. Il auoit vne liberté de iuger des escrits de ceux de son temps, iointe à vne candeur esloignée de toute ialousie (aussi estoit-il pardessus elle) ne retenant les loüanges de ceux aufquels elles eſtoient raiſonablement deuës: teſmoin le iugement qu'il donna de la Pædotrophie de Sceuole de ſainte Marthe que Baïf luy auoit enuoyé. Car en la reſponſe qu'il luy fit, voicy ce qu'il en dit. Bons Dieux quel liure m'auez vous donné de la part du Seigneur de ſaincte Marthe? ce n'eſt pas vn liure, ce ſont les Muſes meſmes: & s'il m'eſtoit permis d'y aſſeoir iugement, ie iure noſtre Helicon, que ie le voudrois preferer à tous ceux de noſtre temps, voire quand Bembe, Naugere, & le diuin Fracaſtor en deuroient eſtre courroucez. Car adioignant la ſplendeur du vers nombreux & ſonoreux à la belle & pure diction, la fable à l'hiſtoire, & la Philoſophie à la Medecine, ie dy le ſiecle bien-heureux qui nous a produit vn tel homme. Quãt au iugement de ſes ouurages, il le laiſſoit librement à vn chacun, & deferoit à celuy des doctes, & les expoſoit en public à la façon d'Apelle, afin d'entendre le iugement & l'arreſt d'vn chacun, qu'auſſi volontiers il receuoit comme il penſoit eſtre candidemẽt prononcé: n'eſtant pas vice de s'amender, ains extreme malice de perſiſter en ſon peché. Raiſon pour laquelle, tantoſt par vn meilleur aduis de ſoy-meſme, tantoſt par le conſeil de ſes plus doctes amis, il a changé, abregé, alongé beaucoup de lieux, & principalement de ſa diuine Franciade, & en ceſte

G ij

derniere main, voulant tousiours tirer au but de perfection qu'on doit rechercher en la Poësie, pour acquerir de l'honneur, & non la mediocrité qui y est extreme vice.

Les hommes doctes aussi, & non seulement les nostres, mais les estrangers, & principalement les Italiens, l'ont estimé & loué infiniment: & vn des plus nobles & doctes d'entre eux, & le plus pres-regardant Censeur des Poëtes, ce grand Iules Cesar Scaliger luy dedia ses Anacreontiques, comme au premier de tous les Poetes, en ces termes.

Quo te carmine, qua prece,
Quo pingui Genium thure adeam tuum
Immensi sobolem ætheris,
Qui musis animi prodigus imperas?
O cantus decus aurei
Qui solus stupidis auribus immines.
O flexus veteres nouo
Quos foelix superas, nectare condiens:
Sublimis fidicen Lyræ,
Graijs picta notis Celtica temperans.
Qui solus scatebris tuis
Latè Pegaseos imbuis alueos:
Te solo magis ac magis
Implens Castalij consilium chori.
An frustra, an lepidus meus
Blandus suauiloquus dulcis Anacreon,
Ronsarde, ad liquidam chelin,
Hinc ausit niueis vectus oloribus,
Nunc primùm è tenebris pudens,
Sacrum stellifero ferre caput polo?

Cuius luce frequens, pari
Illum luce tua flammeus obruis,
Mortes præripiens truces,
In quoscumque tuus spiritus ingruit.

D'autres excellens personnages aussi, côme Pierre Victor, Pierre Barga, & Speron Sperone, l'ont tellement estimé, que les deux premiers m'ont dit, lors que i'estois en Italie, que nostre langue par la diuine Poesie de nostre Ronsard s'egaloit à la Grecque & Latine. Et quant à Sperone, c'est ce qui l'a esmeu au Dialogue des langues, de tant estimer la nostre, & de faire vn iuste Poeme à la louange de Ronsard, qui merite bien d'estre leu. Et ce iugemét a esté suiuy de tout le môde, comme tesmoignent ses œuures que l'on a leu, & lit-on encores publiquement aux escoles Françoises, de Flandres, d'Angleterre & de Pologne, iusques à Danzich.

Aucuns ont trouué la correction qu'il a faicte en ses œuures, en quelques endroicts, moins agreable que ce qu'il auoit premierement conceu, comme il peut auenir principalement en la Poesie, que la premiere fureur est plus naiue, & que la lime trop de fois mise, en lieu d'esclaircir & polir le fer, ne fait que l'vser & le rendre plus rude, les doctes qui verront sans passion ses derniers conceptions, en iugeront. I'oseray bien prononcer toutesfois, que ses œuures en general sont tát pleins d'excellence & de beautez, que nous les pouuons mieux entendre & admirer, que les expliquer & imiter : & noſtre Ronſard a faict ſi bien ſon prouffit de la profonde ſcience de toutes choſes, pratiqué ſi heureuſement les graces anciennes, & à icelles ioinct vne telle fureur Poetique, à luy ſeul propre, que depuis le ſiecle d'Auguſte il ne s'eſt trouué vn naturel plus diuin, plus hardy, plus Poetique & plus accomply que le ſien. Il n'y a fleur ou Trope qu'il n'ait parſemé & ſi ſubtilement caché en ſes eſcrits, qu'il eſt à douter ſi en luy l'art ſurmonte la nature. Et quant à l'art, il n'en doit rien aux anciens, & ſemble ayant oſté de ſa ſuperfluité, qu'il ait adiouſté beaucoup à ſon embelliſſement : car l'excellence & perfection de bien dire, n'eſt pas en l'abondance & meſlange de toutes fleurs, mais au retranchement, chois & arrengement des plus belles. Et tout ainſi qu'au cours de noſtre vie, il y a beaucoup de choſes qui ſe preſentent, deſquelles peu nous plaiſent, & moins encor nous engendrent ce contentement qui meine en l'admiration : auſſi pluſieurs cōſideratiōs s'offrent en la cōception du Poete, dont il doit refuſer la plus grand part, & receuoir celles qui plus raiſonablement, & auec grand contention d'eſprit luy viennent à gré. De tous les Poetes qui ont eſté iuſques à preſent, les vns ont emporté l'honneur pour le Poeme Epique, & les autres pour le Lyrique, & ainſi des autres : mais faiſant comparaiſon auec chacū Poete particulier, il eſt au lieu de tous, & entre to⁹ vnique. Qui n'admireroit ſon diuin Genie, la grandeur & venerable Majesté de ses conceptions, la varieté de ses entrelassemens Poetiques, dõt il enrichit cõme de franges & passemens ses diuins ouurages : la facilité inimitable de ses vers : cõme il est floride, rõd, reserré, pressé quand il veut, egal à son suiect, d'vn vers nombreux & sonoreux, elegant & poly, d'vn stile hautain, non errené ny trainãt à terre ou efféminé : comme il est aggreable en comparaisons industrieuses & nayues, elabouré en viues descriptions, & en toutes ces choses autant tousiours semblable à soy-mesmes, comme en varieté d'inuentions & d'argumés il est tousiours dissemblable & different ? Ainsi que l'ingenieuse Abeille, il s'est seruy si dextrement des fleurs des meilleurs escriuains, qu'il en a rendu le miel tout sien.

Les Satyres qu'il auoit faictes, & qu'il eust publiees, si nostre siecle eust esté plus paisible, ne taxoient personne qui ne l'eust merité : & c'estoit bien vne de ses enuies de peindre au vif les vices de nostre temps, pour corriger les vns, & espouuanter les autres de mal faire. Il m'en a mõstré quelques vnes meslees à l'Horatienne : mais ie croy qu'elles seront perdues, d'autant que m'ayant recõmandé & laissé ses œuures corrigees de sa derniere main pour y tenir l'ordre en l'impressiõ, suiuant les memoires & aduis, & desquels il s'est fié à moy, il me dit, quãt aux Satyres, que l'on n'en verroit iamais que ce qu'õ en auoit veu, nostre siecle n'estant digne ny capable de correction.

Il auoit enuie, si la santé & la Parque l'eussent permis, d'escrire plusieurs œuures Chrestiennes, & traiter ingenieusement & dignement la naissance du monde: mais il nous en a laissé seulement le desir: bien a-il commencé vn Poeme de la Loy diuine non acheué, dont en voicy l'eschantillon.

* * * *

Tu ne liras icy les amours insensées
Des mondains tourmentez de friuoles pensées,
Mais d'vn peuple qui tremble effraié de la loy
Que Dieu pere eternel, escriuit de son doy.
  Vn rocher s'esleuoit au milieu d'vne plaine,
Effroiable d'horreur & d'vne vaste areine,
Hault rocher deserté dont le sommet pointu
De l'orage des vents estoit tousiours batu:
Vne effroiable peur comme vn rampart l'emmure
D'vn torrent esbordé, dont le rauque murmure
Bouillonnant effrayoit les voisins à l'entour,
Des Sangliers & des Cerfs agreable seiour.
  Le Ciel pour ce iour là serenoit la montaigne,
Le vent estoit muet, muette la campaigne,
Quand l'horreur solitaire & l'effroy d'vn tel lieu
Plus que les grands Palais fut agreable à Dieu,
Pour assembler son peuple & le tenir en crainte,
Et luy bailler le frein d'vne douce contrainte.
Pour ce Moyse il appelle, & luy a dit ainsi
Luy resueillant l'esprit: Marche mon cher soucy,
Grimpe au sommet du mont & atten que ie vienne:
Fay que mon peuple en presse au pied du mont se tiéne
De teste de visage & d'espaules espes,
Attendant de ma loy le mandement expres.

Le Prophete obeit, il monta sur la roche,
Et plein de majesté de son maistre il s'approche.

* * * *

Qui monstre assez auec autres semblables pieces en ses œuures, qu'il n'auoit faute de volonté ny de moyens pour loger les Muses en nos teples. Il auoit aussi desseigné trois liures de la Militie Françoise qu'il adressoit au Roy, dót le comencemét est vers la fin des Poëmes. Pareillement vn Poëme intitulé l'Hercule Tulion, non acheué, qu'il auoit ainsi commencé.

Tu peux te garantir du Soleil qui nous brasle
(Dit le fort Iocaste au magnanime Hercule).
Dessous ceste vmbre assis, s'il te plaist nous conter
Comme ta force peut le Lion surmonter,
Qui prenoit en Nemée & logis & pasture,
Et dont la peau te sert encore de vesture.
Car à voir tes sourcils, tes cheueux mal-peignez,
Tes bras pelus nerueux, & tes yeux renfrongnez,
Nul homme sinon toy n'eust sceu parfaire l'œuure,
Puis ta dure massue assez le nous descœuure.
Il n'auoit acheué, quand dix bœufs du Soleil,
Effroyez de la peau du Lion non-pareil
Qu'Hercule auoit au dos, le choquant l'irriterent,
Et l'ire de son fiel agassant despiterent.

* * * *

Il nous a laissé vn Discours en prose sur le Poëme Heroique, assez mal en ordre, & que i'ay remis à peu pres selon son intention : ensemble vn Poeme addressé au Roy, remis au Bocage : vne Elegie pleine de doctrine & de Philosophie à Monsieur Desportes, Abbé de

Tyron: l'Hynne de Mercure, & quelques autres qui suiuent. Plus les Prefaces en vers pour mettre au commencement de chacune diuerse sorte de Poeme, & plusieurs autres pieces de luy nõ encor mises en lumiere, qui voyent le iour en cette derniere main de ses Oeuures, qui comme vn testament porte sa volonté grauee, ainsi qu'il me l'auoit recommandé, inuiolable.

Sa conuersation estoit fort facile auec ceux qu'il aimoit, mais il aimoit sur tout les hommes studieux, vertueux & de nette conscience, & qui estoient libres, ouuerts, simples & sans fiction & affetterie courtisane, comme aussi luy mesme desiroit estre tel : pouuant dire hardiment, que ses mœurs, sa face & ses escrits portoient tousiours ie ne sçay quoy de noble au front, & en toutes ses actions on voyoit paroistre les effects d'vn vray Gentil-homme François, au reste liberal & magnifique en la despense des biens qu'il auoit. Il n'estoit ennemy d'aucun, & si aucuns se sont rendus ses ennemis, ils s'en sont donné le subiect : mais sa naturelle douceur les en a faict repentir. Sa demeure ordinaire estoit ou à sainct Cosme, lieu fort plaisant & comme l'œil de la Touraine iardin de la France, ou à Bourgueil à cause du deduict de la chasse, auquel il l'exerçoit volontiers : comme aussi à Croix-val, recherchant ores la solitude de la forest de Gastine, ores les riues du Loir, & la belle fontaine Bellerie, où bien souuent seul, mais tousjours en la compagnie des Muses il s'egaroit, pour rassembler les belles inuentions, lesquelles parmy le tumulte des villes & du peuple, s'ecartant çà & là, comme vne semece esgarée, ne peuuét si bien se cōceuoir en nous. Quand il estoit à Paris, & qu'il vouloit s'esiouïr auec ses amis, ou composer à requoy, il se delectoit ou à Meudon, tāt à cause des bois que du plaisant regard de la riuiere de Seine, ou à Gentilly, Hercueil, & Vanues, pour l'agreable frescheur du ruisseau de Bieure, & des fontaines que les Muses aiment naturellement. Il prenoit aussi singulier plaisir à iardiner, & sur tous lieux en sa maison de sainct Cosme, où monsieur le Duc d'Anjou, qui le prisoit, l'aimoit & admiroit, le fut voir plusieurs fois apres auoir faict son entree à Tours. Il sçauoit, comme il n'ignoroit rien, beaucoup de beaux secrets pour le iardinage, fust pour semer, planter, ou pour enter & greffer en toutes sortes, & souuent en presentoit des fruicts au Roy Charles, qui prenoit à gré tout ce qui venoit de luy. Quand il se mettoit à l'estude, il ne s'en retiroit aisément, & lors qu'il en sortoit, il estoit assez melancolique, & bien aise de rencontrer compagnie recreatiue : Mais lors qu'il composoit il ne vouloit estre importuné de personne, se faisant excuser librement, mesmes à ses plus grands amis, s'il ne parloit à eux. La peinture & sculpture comme aussi la Musique, luy estoient à singulier plaisir : & principalement aimoit à chanter & à ouyr chanter ses vers, appellant la Musique sœur puisnée de la Poësie, & les Poetes & Musiciens enfans sacrez des Muses: que sans la Musique la Poësie estoit presque sans grace, comme la Musique sans la melodie des vers, inanimee & sans vie.

Il incitoit fort ceux qui l'alloient voir, & principalement les ieunes hommes qu'il iugeoit par vn gentil naturel promettre quelque fruict en la Poësie, à bié escrire, & plustost à moins & mieux faire: Car les vers se doiuent peser & non conter, & ressemblent au Diamant, qui estant de belle eau & d'excellente grandeur, seul vaut mieux qu'vne centaine de moyens. Ie marqueray tousiours ce iour d'vn craion bien-heureux, quand ieune d'ans & d'experience, n'ayant encores attaint l'âge de quinze ou seize ans, apres auoir sauouré tant soit peu du miel de ses escrits, l'aiant esté voir, il ne receut pas seulement les premices de ma Muse, mais m'incita courageusement à continuer & l'aller voir souuent, non chiche de me deceler beaucoup de ses diuins & misterieux secrets, auec lesquels le premier il m'eschaufa l'inclination en la Poësie, si peu que parmy la seuerité de nos loix, i'en puis recognoistre en moy, & depuis honora mes escrits de la gloire qui regorgeoit en luy, engageant mon affection en son amitié par l'eternel lien de ses Lauriers. En recompense dequoy, ayant receu de luy office de pere, comme vn fils non ingrat, voulant aucunement recognoistre ceste pieté d'vne autre, i'ay faict ce Vaisseau, pour y enfermer ses cendres tant precieuses, que i'ay ramassees, & que ie presente à la posterité, reliques d'vn si grand personnage, & tesmoignage du deuoir, que la France & moy luy consacrons, auec nos larmes perpetuelles.

FIN DE LA VIE DE
P. DE RONSARD.

PERROT.
ECLOGVE MESLEE
DE CLAVDE BINET, SVR
le trespas de Pierre de Ronsard, Gentil-homme
Vandomois.

A

*Monseigneur le Duc de Ioyeuse Admiral
de France.*

ENTREPARLEVRS,

THOINET, berger. PHILIN, chasseur.
CLAVDIN, pescheur.

E fortune vn matin, sur la riue où la
   Seine
Son canal miparty en vn seul cours ra-
   meine,
Vn Berger, vn Chasseur, & vn Pescheur amis,
Pour se garer d'orage à l'abri s'estoient mis
Dans l'Antre, que Phebus à l'honneur de sa mere
Nomma, pour aduertir la troupe mariniere,
Du sort des Lyciens. Là i'entendis leur voix
Qui regrettoit Perrot, l'Apollon des François,
Que i'engrauay deslors sur l'escorce d'vn arbre
Pour durer à iamais plus dur que sur le marbre.
ANNE, auec vostre nom, nom que Diane a pris

Pour l'apprendre à son frere, afin qu'au grand pourpris
Qu'il dore de ses rays, sur la terre il l'espande,
Qui aux questes d'hôneur pour vous n'est assez grãde,
Mesme en l'air iusque au Ciel où volent vos oiseaux,
Et, où vous commandez, sur les marines eaux.

   Donnez, grand Admiral, congé à mon Nauire
De demarer du port, & au lieu d'vn Zephire,
De vos graces enflez ma voile & mon desir:
Car ie veux dessous vous nouueaux Cieux descouurir,
Marquer nouuelles mers, & que par vous on sçache
Ce que l'art & le sort & nature nous cache,
Si que tant de vertus qui vous font renommer,
N'ai'nt borne seulement de la prochaine Mer.

   Ce pendant échangeant vostre nom en tristesse,
En Cyprés le Laurier qui vostre beau chef presse,
Fauorable entendez ces regrets & sanglos
Qui sont mesme entendus des poissons, & des flos.
Que vostre nom acoise, & à vostre venuë
Qui planissent le dos de la tourmente esmeuë,
Comme on voit au Printemps les vagues s'appaiser
Quand Nerée adoucit sa Doris d'vn baiser.

CLAVDIN.

Non, ce n'est point en vain qu'vn si cruel orage
Menace à despourueu ma vie de naufrage,
Qui brisant mon esquif flots sur flots assemblant,
L'aise de mon repos si soudain va troublant:
Ou soit que Iupiter plus benin admoneste
Que tousiours il nous faut redouter la tempeste
Qu'il pend dessus nos chefs, ou qu'il vueille annoncer
Quelque malheur plus grand qu'il va sur nous lancer.
» Nostre offense tousiours sa colere deuance,
» Mais la punition suit de bien pres l'offense.

A peine estoit-il iour, & la Lune qui luit,
Encor pouuoit marquer les ombres de la nuict,
Quand voyant le serain de l'Aube safranée
Se mirant peu à peu dans la riue esloignee
De Seine, au calme lict, promesse d'vn beau iour,
I'entre dans ma nacelle & mets tout alentour
Mes auirons, ma truble, & la gaule crochue
Pour attirer du fonds mainte Nasse tendue
Au destroit des iumeaux. Ie me desfais du bort,
Ie commence à gascher, quand (ô malheureux sort)
Ie voy dessus mon chef la douteuse Mouëtte,
D'vn orage auenir la sinistre profette,
De haults cris agaçant les funestes corbeaux,
Qui s'assemblent au bruit pour rauir les boyaux
Surnageans à vau-l'eau: d'autre costé i'auise
Vn long rang de canards, qui sur leur plume grise,
Ayant fait l'eau jaillir de leurs cols allongez,
Parmy les Feulques noirs au fond se sont plongez.

 Lors tout à coup sur moy la fureur suruenue
D'vn tourbillon venteux, fend l'espais d'vne nue
Qui s'endurcit en gresle, & faict en mille bonds
Sauter les flots esmeus & le fond des sablons.

 Las, c'estoit fait de moy, ma mort estoit prochaine,
Ie voyois mon Tombeau dans le creux de la Seine,
Quand de cœur & de bras ie commence à nager,
Prenant tant plus d'espoir que grand est le danger.
I'ay regaigné le bord, i'ay fermé ma nacelle,
Et les Dieux qui sauueurs m'ont mis en leur tutelle,
Auec toy, mon Thoinet, & toy Philin aussi,
Dans cet Antre à l'abry me font trouuer icy,
Pour passer sans danger la tempeste orageuse.
»Souuent vient d'vn malheur vne rencontre heureuse.

THOINET.

Ha, tu n'es point tout seul, qui as senti les coups
Du malheur, mon Claudin : plus heureux serions nous
Si la peste d'Autonne, ou l'Hyuernal orage,
Si le Ciel qui tousiours pleure nostre dommage,
Comme on a veu fanir l'herbe espoir du Prin-temps,
Eussent aussi fani le reste de nos ans :
Las, nous ne verrions plus aux herbes innocentes
L'amas entortillé des couleuures sifflantes:
Nous n'oirrions plus parler de sorts ny de guenauds,
Ny de nourrir chez soy les venimeux crapauds,
De planter l'Aconit, ny de l'experience
De rauder par les bois pour cueillir la semence
De la crespe Fougere, & le soldat sans foy,
Plus cruel que n'est pas l'orage que ie voy,
Plus hideux, plus mortel qu'vne pesteuse rage,
De mes troupeaux emblez n'enfleroit son bagage.
Mais pourquoy cherchons nous la cause dás les cieux,
Des malheurs suruenus, qui est deuant nos yeux?
Puis que Perrot n'est plus, qui de ceste tourmente
Mourant est le subiect, ou la cause apparente,
Perrot ce grand berger qui aux champs Vandomois
Premier ioignit la fleute auecque les haultbois?
Qui sçeut nos maux predire, & pour s'en voir deliure,
A ceux qu'il preuoyoit n'a point voulu suruiure?
Tu le sçais mon Claudin, tu le sçais bien aussi
Philin amy des bois, des Muses le soucy.

PHILIN.

Ie le sçay : les taillis, les forests escartees,
Et Dictynne & ses sœurs ores desconfortees
Le sçauent bien aussi, & depuis qu'il laissa
Nos bois, aucun chasseur de bon temps ne chassa:

ECLOGVE DE

Les Chesnes herissez au lieu d'vn doux Zephire
Aux bourrasses du Nort, n'ont point cessé de bruire.

CLAVDIN.

Qui ne le pleureroit ? qui pourroit s'empescher
De regretter Perrot s'il n'estoit vn rocher ?
Veu que ce rocher mesme où la vague bruyante
Reuomit son courroux, escumeux en lamente ?
Or pendant que le Ciel s'accorde à nostre dueil,
Compagnons, imitons l'honneur de son cercueil
Sur ces gazons herbus. Or sus, Thoinet, commence:
» Les regrets d'vn amy portent leur recompense.

THOINET.

Mais qui soudainement t'a rauy de nos yeux
Seul honneur des bergers ? est-ce quelqu'vn des Dieux,
Qui tout seul veut iouyr de la douce harmonie
Qu'animoit en nos champs l'air de ta chalemie
Par toy seul embouchée aux riues de ton Loir ?
Lors que sur tous bergers tu te faisois valoir,
Ore emportant du ieu & l'honneur & le gage,
Ore charmant l'ardeur de l'amoureuse rage,
Espris du feu diuin d'vne rare beauté
Qui le beau nom d'aimer armoit de cruauté ?
Quoy, ne verray-ie plus souz la courtine espesse
Des hauts Pins de Bourgueil, aux iours chommez, la presse
Des bergers trepigner, au son obeyssans,
Et mesurans leurs pas aux nombres de tes chants ?
N'irons nous plus nous deux és saisons plus halées
Compaignons de fortune, aux profondes vallées
Chercher le frais repos à l'ombre des ormeaux,
Tandis que ferions paistre à couuert nos troupeaux?
On voir dans le secret d'vn bois plus solitaire
Au chant de tes pipeaux les Rossignols se taire,

Apprendre tes chansons, appellans auecq' eux
Les Nymphes pour tesmoings, hostesses de ces lieux?
Faisant honte à Tytire, & à la cornemuse
Qui sonne encor aux bors des champs de Syracuse?
Verrons nous auec toy tous ces plaisirs finir?
» O que de dueil apporte vn plaisant souuenir !
 Que feray-ie chetif? par ton absence dure
Ie deuien languissant, & de morne nature,
Ainsi qu'on voit languir ce mouton descharné,
Depuis que son pareil fut par force emmené
Du soldat impiteux, tousiours, tousiours dés l'heure
La maigreur, la langueur, en luy fit sa demeure,
Il n'a peu proufiter : aussi tousiours depuis
I'ay creu qu'il presageoit ta mort & mes ennuis.
Et ores qu'en ta mort la Bergerie est morte,
Apollon & ses sœurs te regrettent, de sorte
Que les ayant toy seul en nos monts fait venir,
Maintenant par ta mort tu les en fais bannir,
Emportant auec toy l'honneur de nostre France,
Et du germe d'honneur la future esperance.
 Encor ay-ie grand peur, Perrot, par ton trespas
Que la terre noyée en pleurs, ne vueille pas
Ouurir son sein fecond, refusant pour ta perte
A l'herbe de ces prez la reietture verte,
La seue aux arbrisseaux, si ce n'est pour nourrir
Ce qui faict en broutant tous nos troupeaux mourir,
Le Tu'-chien, l'Aconit escume de Cerbere,
L'espongeux Champignon, ou la Ciguë amere.

    CLAVDIN.
 Si tost que sur ce bord arriua Gallantin,
La moitié de Perrot, nous contant quel Destin
Auoit tranché ses iours, vous eussiez veu sur l'onde

Mainte vague rouler tristement vagabonde,
Les rochers animez du regret de Perrot
Refuser en muglant le lauement du flot,
Flot qui refuse aussi, & de roide secousse
Les flettes des pescheurs à la riue repousse.
　　Le Loir (nous contoit-il) oyant vn tel malheur
De clair louche deuint, & se fondit en pleur,
Et son eau cy deuant pour l'ouyr, coustumiere
De restaindre son flot, voulant se rendre amere
Pour plus amerement son nourriçon pleurer,
S'enfuit d'vn roide cours aux bouches de la mer.
La mer mesme en gemit, & pour Perrot s'est veuë
Effroyable à nos yeux, blanchir sa robe bleuë
De flots entrechoquez, qui vont mourir au bord,
Meslez d'escume espaisse, & de maint poisson mort,
Ruant au Ciel ses flots, montaignes de Neptune,
Et ses propres enfans menaçant de fortune.
　　Le Daufin amoureux de la Lyre au doux son,
Qui tant de fois ouyt la diuine chanson
De Perrot le pescheur, lors que la mer tranquille
Pouuoit porter Cypris dans sa creuse coquille
Aux riues d'Amathonte, ou quand les Alcions
Pendoient aux flots leur nid tissu de petits jons:
Las, ce pauure Daufin, n'agueres Roy de l'onde,
Qui recourbé sautoit, roüoit, faisoit la ronde
Dans le paisible äy du riuage Ollonois,
Ores mort de regret au bord sur le grauois,
Glereux, tout elancé, va renuersant l'eschine,
Et se meut seulement au heurt de la marine.
　　Vous verriez à l'entour le Canjard riuager
Pardonnant au poisson, & les Plongeons nager,
Puis se resouuenans de leur premiere cheute

De regret dedans l'eau refaire la culbute:
Et si verriez encor sur le prochain escueil
Les Martinets d'azur, accompaignans le dueil
Des Nereïdes sœurs, qui auec face blesme
Perrot & le Daufin pleurent d'vne voix mesme.
 Mais moy que puis-ie faire autre chose, sinon
Que d'apprendre à toute heure à ces riues son nom,
Qui le diront aux eaux, & les eaux qui vont rendre
Leur tribut à la mer, qui luy sçauront apprendre,
Et la mer à la terre, où ses flancs écartez
Des pilotes François ne sont encor hantez?
Mais luy mesme suffit, assez assez sa gloire
Est engrauee au front des leures de Loire:
Assez, Perrot, assez tu t'es faict renommer
Aux abors plus lointains des dunes de la mer.
 Neptune en sa memoire a dedié vn Antre
Au milieu de ses flots, à l'honneur de son chantre.
Cet Antre tous les ans est enjonché des fleurs
Que Lutee iaunit de ses palles couleurs,
Nymphe qui se baignant cherchoit la couuerture
Des fueillars pour cacher l'honneur de sa ceinture.
L'Antre tout à l'entour de mousse est tapissé,
Où le limas pourpré maintefois a passé,
Y laissant par dessus vne trace vermeille,
Au Corail qui se branche en ce rocher pareille:
Mainte Conque d'argent engagee aux sablons
Decele s'entr'ouurant des perles les fruicts blons.
 Là Neptun', Palemon, & la troupe marine
Des Tritons tous les ans de leur creuse bucine
Font honneur à Perrot: les Nymphes d'alentour,
Les filles d'Achelois y viennent à leur tour
Au seul nom de Perrot, & à leur voix diserte

Attirent Proté mesme, & Glauque, & Melicerte:
Perrot, rien que Perrot respondent les flots,
Et de ce nom les vents vont emplumant leur dos.

 Mais or' que le Destin plus sourd à ma priere
Que les rocs Capharez, plongent dans la riuiere
Des oublis eternels, Perrot mon cher soucy,
Que deuiendray-ie ô Dieux? Las que feray-ie icy
Seulet sur cette riue? Ah! il faut que ie laisse
Les mestiers qu'il m'apprit, deduict de ma ieunesse,
La pesche industrieuse: il faut qu'auecques luy
Ie me laisse moy mesme, angoisseux, plein d'ennuy.

 Desormais sans Perrot ie fuiray la riuiere,
Mes perchots pourriront dedans l'isle Louuiere,
Mes Nasses d'osier franc, ma saene & mes veruains,
Qui sans luy ne seroient qu'vn faix entre mes mains.
Sans luy ne me plaist plus de pescher à la ligne,
Ni le liege guetter qui d'enleuer faict signe,
Ny de fouler aux prez l'esche de bon matin,
Ny fouiller le ver blanc, ou le gris muguetin,
Ny d'amorcer de blé ou de houssure grasse,
Ou de glaize en plottons le destroit de ma place:
Ny auec l'aligeoir, ou la ligne de fonds,
Acrocher les petits ou les plus grans poissons:
Perrot a quant-& soy tiré toute ma ioye,
Il est mon hameçon, & moy ie suis sa proye.
Car c'est luy qui premier m'apprit à fredonner
De la Conque aux replis, fascheux à entonner,
Qu'vn iour il me donna, me disant, Ie te donne
Ce present, mon Claudin, iamais autre personne
Ne l'emboucha que moy, les peuples escaillez
Quelque iour à ton chant se rendront oreillez.

 Ainsi disoit Perrot, mais i'ay laissé pendue

A vn croc araigneux ceste trompe tortue,
Et mes lignes depuis : aussi depuis sa mort
Ie n'eusse rien pesché ny au fil ny au bord.
Car la Carpe aux plus creux des molanges serree
Quittant le cours de l'eau viue s'est enterree,
Et le Barbeau nourry dans le courant pierreux
Se laisse auec les eaux emporter langoureux.
De tristesse ie meur. Mais Philin, ie te prie,
Pendant que le loisir, & le temps nous conuie,
D'adoucir la rigueur de nos maux par ta vois,
Tire nous hors de l'eau, & nous meine en tes bois.

PHILIN.

Tous nos bois sont remplis de dueil & de tristesse,
Il ne faut point chercher dessoubs leur cime espesse
Couuerture à nos maux, Perrot en est sorty :
Le beau chef des forests depuis s'est amorty,
Les Lyons & les Loups, & toute beste fiere
Qui vit du cru pourchas de sa dent carnaciere
N'en ont bougé depuis : les ruisseaux sont bouchez,
Les oiseaux ramagers en sont effarouchez.
Il ne faut plus chercher sur la source d'Heleine
Le diuin Rossignol bocagere Sereine.
Car ayant entendu le Destin de Perrot,
Bien loin il s'est caché pour ne plus dire mot :
Trop bien le Chahuant, & la mortelle Orfraye
Qui des vieillards craintifs les longues nuits effraye :
Bien les Chauue-souris au voler tremblotant
Seuls, les autres oiseaux iront espouuantant.
Et n'estoit pour auoir de Perrot souuenance,
Moy-mesme loin des bois ferois ma demeurance :
Car ayant ce matin pris mon limier Trauail,
Au lieu de rencontrer sur le fraiz de l'egail

ECLOGVE DE

Du Cerf ou du Cheureuil, il n'assent que les fientes
De Loups ou de Renards, ou de bestes puantes.
Mais Perrot qui aimoit le desert des forestz
Y ayant consacré pour despoüille ses retz,
Et au front de maint arbre, au destour de Gastine
Ayant graué les tons de sa Muse diuine,
Lors que las de chasser, de Phebus compagnon
Il rend en nos forests immortel son beau nom :
Il veult, & ie le veux, qu'aux forests ie demeure,
Afin qu'à chaque obiect sa memoire ie pleure,
Et qu'au doz des rochers, des saulx, des chesnes vers,
Vos vers, Claudin, Thoinet, ie graue auec mes vers.

THOINET.

Tous les ans les Bergers feront des sacrifices
A Pan & à Palés pour Perrot honorer :
Que sçait-on si Palés pour ioüir des delices
De Perrot, en son parc l'a voulu retirer ?

PHILIN.

Dictynne fay moy don de ta trompe diuine
Pour sonner de Perrot le tout diuin honneur :
S'il ioüit des baisers de ta face argentine,
Fay que ton frere en soit luy mesme le sonneur.

CLAVDIN.

Ie chommeray tousiours de Perrot la naissance,
L'honneur François nasquit, & meurt en mesme iour :
Possible que Cypris ialouse de la France,
L'a raui dans sa Conque éprise de s'amour.

THOINET.

Le Thym n'est point plus doux aux mousches de
    Sicile,
Plus doux n'est point au bruit des ruches s'endormir,
Que doux estoit ton chant, qui encores distille

Dans

Dans mes sens estonnez un mielleux souuenir.
PHILIN.
Plus-tost seront les Daims sans crainte en un gai-
gnage,
Les Chesnes sans racine, & les Lions sans cœur,
Que ton nom sans honneur, honneur qui d'âge en âge
Te rend & sur l'enuie & sur le temps vaincueur.
CLAVDIN.
Autant qu'on void de flots quand Neptune s'irrite,
Autant que de poissons montent en la saison,
Autant que d'alge ceint les costez d'Amphitrite,
Autant de Myrtes vers ceignent son chef grison.
THOINET.
Nymphes qui habitez le long de ces prairies,
Chantez vostre Perrot qui tant vous a chanté:
Sans luy vous n'auriez point les robes si fleuries,
Immortel est celuy que Perrot a vanté.
PHILIN.
Tous vos Lauriers sont morts, ô Nymphes bocageres,
Auec vostre Perrot, mais si du clair ruisseau:
De vos yeux arrousez ses os, & cendres cheres,
Les Lauriers renaistront du creux de son Tombeau.
CLAVDIN.
Donnez ore donnez, ô Naiades gentilles,
Esprit à ces Roseaux plantez en vostre sein:
Perrot soit leur suiet. Ainsi puissiez babilles
Des Tritons importuns tousiours tromper la main.
CHŒVR DES NYMPHES.
Ces champs, ces riuieres, ces bois,
Ont ouy l'air de vostre vois,
Voix aussi du Ciel escoutée:
Qui ressuyant son moite front,

Destourne les nuës qui vont
Se fondre en la mer escartee.
   L'herbette croist parmy ces champs,
Les arbres sentent un printemps,
Rassises luisent les arenes.
A vos chants les Dieux sont venus
Phebus & les Satires nus,
Et les trois Charites Syrenes.
   Perrot nous chanterons tousiour',
Auec nous il faict son seiour:
Enfans suiuez vostre fortune,
Les Dieux oirront tousiours vos vœux,
Es prez, és buissons ombrageux,
Et sur les sillons de Neptune.

LE TOMBEAV DE
P. DE RONSARD,
GENTIL-HOMME
Vandomois.

D.   M.

ASTA VIATOR, ni piget, et hacc pellege,
Dum pauca legis heic, multū odorū colliges:
Ronsardus etenim flos Poetarum heic situ'st.
Quis ille fuerit, litteratus dat silex,
Suopte sculpsit ipse quem caelo, indicans
Sua Camoenas morte dare mortalium
Nisi nominis perennitatem nemini.
Ast illae amoeno matris in sinu hospitae,
Nati ossa propria conlocauerunt manu,
Laurúsq. vati vix suo superstites
Panxere simul, has vt tepens foueat cinis.
Quid si se humari et iusserint, grati vt siet
Spes nulla reditus saeculo ingratissimo?

CL. BINETVS P. RONSARDO
POETAE INCOMPARABILI,
EFFVSIS TOTIVS GALLIAE LACRV-
MIS MOERENS BENEMERENTI,
P.

Εἰς Πέξον Ῥώνσαρδον Ἐπικήδιον.

Ὄφρα μὲν ἐν ζωοῖσιν ἔιω Πέξος ὁ
 Ῥώνσαρδος,
Τόφρα δ' Ο ΤΕΡΠΑΝΔΡΟΣ-
 ΣΩΣ ἔτι καὐτὸς ἔιω.
Νῦν δ' ἐπεὶ ὁ Ῥώνσαρδος, ὃς ἄνδρας
 ἔτερπεν ἀοιδαῖς,
Κάτθανε, Τέρπανδρος καὐτὸς ὁ σῶς
 ἔθανε·
Καὶ μόνος ὃ Τέρπανδρος, ὁ Πίνδαρος
 ἔκθανεν αὐτός,
Τῆς γὰρ Πινδαρικῆς ὄρχαμος ἦε λύ-
 ρης.
Ἔκθανεν Αἰσχύλος, Σοφοκλῆς τε, κὺ αὐ-
 τὸς Ὅμηρος
Κεῖνος ἀειδόντων μοῦνος ἀοιδόζατος.
Τοῖδε μὲν Ἕλληνεσσι, κὺ ἄλλοι πολλοὶ
 ὄλοντο,
Καὐτὸς ἐρωτογράφων ἄλλος ὁ Καλ-
 λίμαχος.
Ῥωμαίων δ' ὁ Μάρων ἡρώων ἔργα γε-
 ραίρων
Ὤλετο, κὺ Λατίης Φλάκκος ἄναξ χέ-
 λυος.
Ἀλλὰ τί μακρὰ λέγων πολὺ πλείονα
 ἐξαριθμήσω,

TVMVLVS.

Οἱ σὺν Ῥωνσάρδῳ θνησκομένῳ ἔθανον·
Σὺ θάνε Ῥωνσάρδῳ προπὰν Ἰταλικῆς
    μέλι μούσης,
Καὶ τὸ μέλι γλώσσης Κελτίδος ὅσον
    ἔσω.
Ψεύδομαι, οὐκ ἔθανεν τῆς ἀρχαϊκῆς τε
    νέης τε
Πᾶν τὸ μέλι γλώσσης, ἀλλὰ κὶ ἔστιν ἔτι.
Τῶν γὰρ Ῥωνσάρδου πρὶν ὅσοι γεύσαι-
    το μελισσῶν,
Ὧν ἀπὸ τῶν σίμβλων ἔρρεεν ἡδὺ μέλι·
Πολλοὶ πολλὰ μέλη μέλιτος γλυκε-
    ρώτερα, καὐτοὶ
Ἡδὺν Ῥωνσάρδῳ ταῦτ' ἐπιτυμβίδια·
Οὐ μόνον ὡς θανεόντι τὸ μνημόσυνον πο-
    λύτιμον,
Ἀλλ' ὅτι Ῥωνσάρδοι πλείονές εἰσιν ἔτι.
Νῦν δὲ θανὼν σὺ μάκαρ, μοῦσ' ὃν θα-
    νεόντα μακαιρεῖ
Τόσσων, εἰσὶν ὅσοι Κελτίδι μουσοπό-
    λοι.

Ἰωάννης Αὐρᾶτος Ποιητὴς βασιλικός.

H iij

IN NOBILISS. VIRI P. RONSARDI OBITVM AD Io. Galandium & Cl. Binetum.

Occidit heu Rōsardus, & occidit alter Homerus,
  Alter Virgilius Gallicus occidit heu!
Occidit Æschyli grauis, Euripidísque cothurnus,
  Et Sophoclis cui vis inter vtrumque fuit.
Occidit heu tua canna Theocrite rustica, pastum
  Quæ Siculos solita est ducere blanda greges.
Occidit, in Græcis cui Pindarus, ínque Latinis
  Flaccus, per Lyricos cessit vterque modos.
Occidit, occidit heu! qui Francos primus & artem
  Carminis edocuit, quicquid & artis erat:
Qui Reges cecinit, Regum celebrésque triumphos,
  Qui thalamos Regum, Regificásque dapes.
Heroas cecinit fortes, Regíque fideles,
  Per quos Francorum gloria magna viget.
Hæc cecinit iam vir: sed adhuc iuuenilibus annis
  A iaculis tactus sæue Cupido tuis,
Quos iuuenis sensit tristes in amore dolores,
  Hos alijs cantu posse leuare dedit.
Franciada incepit, simul hastiferúmque Pherenchũ:
  Qui nomen Francis, cui dedit hasta suum.
Talis & in primo, medio stadióque cucurrit:
  In spatio extremo digna corona data est
Teste, quod extremæ cùm morti proximus esset,
  Mente pia cecinit ceu moribundus olor.
Confessus peccata Deo, confessus amaris
  Est lachrymis veniam se petere ante Deum.
Carmina testantur doctis cantata Poëtis,

TVMVLVS.

Per quos elatus funere magnifico est.
Testantur verbis extant quæ scripta solutis,
  Et coram innumeris sunt recitata viris,
Vt primùm pueris annos præeuntibus arte,
  Sic & postremùm, Perro diserte, tibi:
In quo tam memor est mens, tam facundia præsens,
  Vt duo sint numeris hæc tibi plena suis.
Maxima & inter eos tibi debita iure Galandi.
  Gloria, qui tanto funus honore paras.
Sumptibus & nullis parcens, nullique labori,
  Magnificásque ferens manibus inferias,
Omnibus extructum dapibus funebre dedisti
  Non epulum tantùm, docta sed elogia.
Vnde tuum memori nunquam decus excidet æuo,
  Si laus Ronsardi non peritura tui est.
Te quoque magna manet laus ô Binete, recentem
  Qui de Ronsardo scripseris historiam:
Nec solùm ipse tui celebraris funus amici
  Scriptis, sed multis suaseris autor idem.
Rite parentauit charo tua cura Poëtæ:
  Ille tuo viuet munere, túque suo.
Ipse sed in terris tantos Ronsardus honores
  Funere sortitus, exequiísque piis,
Nunc apud vt superos in honore sit vsque precemur,
  Elysiúmque colat nobilis vmbra nemus.

Io. Auratus Poeta & Interpres Regius.

In tumulum P. Ronsardi Poëtarum Gallicorum Principis.

Ronsardi iacet hîc corpus, sed fama per auras
   Peruolat à nullo deperitura situ.
Annis qui à teneris Francisci Regis in aula
   Primi nutritus, dum puer esset adhuc,
Germanos, Scotos adiit ducente Baisi
   Lazare te iuuenis, surdus & inde redît.
Sed Deus, vt surdis daret in bona carmina promptos
   Auditus, surdo plectra canora dedit.
Græcis & Latiis patrio sermone Poëtis
   Dum certat, palmam reddidit ambiguam.
Hispanis, Italisque suæ abstulit artis honorem,
   Ad Francos modulans cantica docta modos.
Franciadem si non perfecit, tam bene cœpit,
   Æneadi vt certet, certet & Iliadi.
Plura sed his quid opus tumuli super aggere poni?
   Sat sui in auctorem sunt monumenta libri.
Vos, quibus ad tumulum mora non est parua molesta,
   Dicite, Ronsardo sit sine fine quies.

Aliud.

Cesserat è vita Ronsardus: cesserat omnis
   Musarum chorus & gloria Franciadum.
Tristia sed post fata tot eius siue soluta
   Seu pedibus vincta funera voce gemunt:
Elysios vt adusque hortos pia turba secutæ
   Musæ nunc reduces hunc super astra ferant.
Ronsardi & leuius desiderium sit adempti,
   Tot Musis eius morte superstitibus.

       Io. Auratus, Poeta & Interpres Regius.

ΕΠΙΤΑΦΙΟΝ ΕΙΣ
Π. Ρόνσαρδον.

Δαίμονες ήέλιοί τε καὶ αἰθέελοί ποτε
κλαῖον,
Σμερδαλέον τε βράχον, Πὰν θεὸς ὡς
ἔθανεν·
Νῦν δὲ σοφοί λόγιοί τ᾽ ἄνδρες θρηνῦσιν
ἀοιδῶν
Ἡγεμόνα, στυγερῇ κηρὶ καταφθί-
μενον·
Κελπίδες αἱ Νύμφαι Χάριτές τε καὶ
ἐννέα Μοῦσαι
Τοῦτον ὀδύρονται τὼς μετὰ μουσο-
πόλων,
Ἄλκιμον, ἡρώεσσι τετιμένον, ἀγλαό-
φημον,
Πέζον Ρόνσαρδον, θαῦμα καλὸν φύ-
σεως,
Αἰετὸν ἠλιοδερκέα, κ᾽ πολυηχέα κύκνον,
Φοίβῳ κ᾽ Μυσῶν ἄξια μελψάμενον.
Τῷ μάλα δῶκε θεὸς σεμνὸν καὶ ποικί-
λον αὐδὰν,
Δῶκεν ἀειτεύην, καὶ γέρας ἐσθλὸν
ἑλεῖν·

H v

Κελτίδα γὰρ μοῦσαν καὶ ἀπὸ πρώτοιο
θεμέθλυ
Ἠλιβάτοις ὁ λαβὼν ἤγαγεν εἰς ὀρό-
φους.
Οὐκ ἴσος γέγονεν, προφερέτερος οὐδέ-
ποτ' ἔσται,
Μόρσιμον ἐλλείπ δ᾽, μηκέτι δ᾽ ἐκπε-
ράδν.
Οὐδὲ γὰρ εὐεργὴς Φαιήκων πῦς μετὰ
δῖον
Τὸν Λαερτιάδην τλῆ ξένον ἐκφορέειν.
Πότνια μήτε φύσις τοῖον ποτε τέξεται
ἄνδρα.
Δεῖ γὰρ ἐπ᾽ ἀκροτάτοις ἡσυχίην ἀ-
γέμῳν.

                    Ν. Γυλώνιος.

In fatum Petri Ronsardi Monœdia.

Ronsardum morbo conflictantémque catarrho
Importuna diu luctans insomnia vatem
Vexabat, post tot vigilatas tempore noctes
Exhausto studiis musarum, & nobilis otij:
Nec mystæ tamen in mediis feruoribus ægro
Adfuit insignis medica deus arte, nec Hermes
Spargere cantu oculis doctus virgáque soporem,
Insomnémque Argum Inachia fraudare iuuenca,
Ronsardus licet addictus citharæq; lyræq;
Amborum cultórque deûm vindéxque fuisset.
Ipse deus toties Somnus per vota vocatus
Successum misero negat, & Cereale papauer,
Sidereisque oculis Lethæum infundere rorem.
Frustrà ergo, Vates, Diuorum cura vocamur,
Famam & cum nostra pietate fouemus inanem.
Mors miserata virum, tandem succurrit anhelo,
Pro consanguineóque suo refugóque sopore,
Apparet, sacrúmque illi de vertice crinem
Abstulit, & pulchro moribundum corpore soluit,
Composuit, clausitq; oculos in nocte natantes
Iam multa. vigiles oculos Famæ ipsa reliquit,
Vt legat, vt recitet tanti monumenta Poëtæ;
Atque tubam, vt passim præconia didita fundat.
Annus hic excessu heröis funestus amici
Me quoque semianimem cernet decora alta palatij
Linquentem patrij reuocari ad liminis aras,
Miscentem lachrymis Ligerina gaudia in vrna.

Germ. Valens. G. P P.

RONSARDVS AD SVOS ENCOMIASTAS.

Vstrali tepidos cineres aspergite lympha,
Et precibus manes ritè piate meos:
Nostraq́; nec vobis tantæ sit gloria curæ,
Nam peperi laudis satq́; superq́; mihi.

EPITAPHIVM.

PETRVS RONSARDVS IACET
HIC: si cætera nescis,
Nescis quid Phœbus, Musa, Minerua,
Charis.
    PONTVS TYARDEVS
    Bissianus E. C.

Ronsard gist en ce lieu: tout le reste ie passe.
Car si tu ne le sçais, Passant, tu ne sçais pas
Que c'est que de Phœbus, de Pallas, de la Grace,
Ny des Muses mourants en vn mesme trépas.
      P. BINET.

TVMVLVS.

CLAVDIO BINETO
IANVS ANTONIVS BAIFIVS.

ONSARDI *interitus tot densat corde*
dolores,
Tot graue nunc desiderium, damnique
recentis
Vulnus acerba mouet, tot curas pectore
voluit,
Vt tacitum mæror me sollicitúmque molestus
Præpediat tam crebra animi depromere sensa.
  O tote BINETE *ciens Helicone Poëtas,*
Officio qui lecta pio noua carmina quæris
Vndique, quæ tumulo RONSARDI *inscribere tentas,*
Nil tale à nobis exposcito, quos dolor urget
Iustior & grauior, qui serius emicet olim.
  Lac nutricis idem Musæ nos hausimus vnà,
Tempore quam facilémque æquámque vocamus eodé,
Idq́; pari voto: variis sed moribus ambo,
Diuersísq; acti fatis. Nam viuere vitam
Nos fortuna iubet dubiam, quos liuor iniquus
Exagitat, modò depressos, modò sorte tumentes:
Dum ratio lenis rapido cessura furori est.

H vij

A CLAVDE BINET.

I'Ay tant à me douloir du depart de Ronsard:
Le regret m'oûtre tant de perte si recente,
Que de m'en dégorger le trop de dueil m'exente,
Par trop de pensements & muet & songeard.
  BINET, qui piteux serres de toute part
Des amis d'Apollon toute grace excellente,
N'atten rien tel de moy. Car ma douleur pressante,
Et plus iuste que d'autre, éclatera plus tard.
  Nous susçames vn laict de la Muse nourrice,
Que nous ensmes tous deux en mesme temps propice,
Sous bien diuers Destins & differentes meurs.
,,   Subjets à la Fortune, exposez à l'Enuie,
,, Ore bien ore mal nous menons cette vie,
,, Où la douce raison céde aux aigres humeurs.

I. Antoine de Baïf.

PETRI RONSARDI
EPICEDION.

CTA polo rapidi quoties vertigine motus
Labitur in terras, aut labi stella videtur,
Agricolæ horrescunt, sæua impendente procella.
Sic vbi Ronsardi puro fulgentius astrum
Lucifero, vitæ occasus, manésque petiuit,
Obstupui: læuo turbatus & omine mentem,
Nobilibus, dixi, tempestas imminet atra
Ingeniis, flebúntque nouem sua damna sorores.
Quàm vereor Scythico redeat ne turpis ab axe
Barbaries! & cuncta premat caligine cæca!
Hoc adeò ex aliis licuit prænoscere signis.
Pibrachus extremis cuius facundia nota
Sauromatis, dulcíque comes prudentia linguæ,
Triste sui desiderium, lucémque reliquit.
Castalidum studiis, & sanguine clarus auito,
Auxerat ingenuas qui tot virtutibus artes,
Foxius occubuit. Gallis inimica Quirini
Mœnia, & Ausonium damnant hæc crimina Tibrin.
Felices animæ, vestri duo lumina sæcli,
Famáque Palladiæ semper mansura Tholosæ,
Idem vos annus, vos idem mensis in oras
Edidit ætherias, idem vos abstulit annus.

Fors & idem vos sidus habet, cælóque recepti
Aspicitis fessum radiis melioribus orbem.
Eripuere etiam Latiis infesta Camœnis
Tempora Sigonium: téque inclyta gentis Hetruscæ
Gloria, Victori, quo non humanior alter,
Candidiórve fuit, Pylio vel dignior æuo.
Nec satis: insignem nostræ telluris alumnum,
Qui decori quondam, nunc est tibi, Roma, dolori,
Muretum, Elysiis mors condidit inuida lucis.
Deerat adhuc (crudele nefas!) tot cladibus, vnum,
Ronsardo orba suo ducit quod Gallia funus.
Heu patriæ casus, quos vel gemat hostis, iniquos!
Ergo rogum & cineres tanti visura poetæ,
Mater vt amissi spectans incendia nati,
Ardeat ipsa licet ciuilibus vndique flammis,
Gallia pone modum singultibus: Orphea tandem
Eluxit genitrix, genitríxque miserrima Rhesum;
Vtraque Musa tamen tecum noua vulnera sentit:
Vixq́; pater tam morte Lini perculsus Apollo.
Extinctæ ecce faces, fractíque Cupidinis arcus.
Quin & fraxineam Mauors procul abiicit hastam,
Inuitisq́; oculis manant per cassida guttæ.
Et merito: quis enim diuûm celebrabit honorem?
Quis pacem, quis bella canet? quis ludet Amores?
Dicétq; Hectorei reges ab origine Franci?
Vos quibus Aonios cura est conscendere montes,
Pegasei sacros latices ne quærite fontis,
Pieridum in lacrymas absumpta exaruit vnda.
Cernitis auulsos edera marcente corymbos?
Parnassi sine fronde nemus? Paphiásq; caducis
Lugentes Myrtos foliis? tantùm vna Cypressus
Feralem retinet tumulo quam præbeat vmbram.

TVMVLVS.

At non laudis egens, aut immaturus obiuit.
Quid stulti querimur? non deflent poma coloni
Cum matura cadunt, sed cum velluntur acerba.
Longa illi, si longa bonis conceditur, ætas:
Addiderat geminos ad bis sex lustra Decembres.
Substractúsque malis, ægræ quæ multa senectæ,
Gliscentem armorum rabiem, dirósque tumultus,
Securus placidi mutauit pace sepulchri.
Istos ad lapides, & non violabile bustum,
Dona pij ferimus, Syriósque adolemus odores:
Spargimus & flores suprema in munera lectos.
Innumerósque simul numeros, questúsque ciemus,
Vallibus & syluis quos ludicra reddat imago.
Ceu percussa sonat Gigæi ripa Caystri,
Quando iterat voces, cycníque extrema parentis,
Paruus olor: discítque sui iam carmina leti.
His macte inferiis, Gallorum maxime vatum,
Et salue, æternúmque vale. nos, turba superstes,
Inuisa fatum abrumpet cùm stamina vitæ,
Vt tua scripta, olim, sic te, Ronsarde, sequemur.

   Io. Passeratius, eloquentiæ Professor
       & Interpres Regius.

SVR LE TOMBEAV DE PIERRE
DE RONSARD.

Nous te plaingnons, Ronsard, & pleurons ton
 trespas:
Mais le mort plaint ainsi celuy qui ne l'est pas.
Qui escrit apres toy, pensant te faire viure,
Meurt luy-mesme auant toy, & s'enterre en son liure.
        Passerat.

TV vacuum quisquis spectacula tristia
    bustum
  Aspicis, ô properans aduena siste
    pedem.
  Ronsardo mihi nomen erat: quis cetera
nescit,
  Et genus, & priscæ nobilitatis auos?
Sed potior gradibus multis & sanguine longo
  Ingenij cultus nobilitásque fuit.
Primus ego Graiis Musas deducere adortus
  Montibus & Latiis in mea regna iugis,
Aemula Dirçæis, Lesbois æmula panxi,
  Atque Venusina carmina digna lyra.
Mox veterum exemplo blandos modulatus amores,
  Siue Catulle tuo, siue Tibulle tuo.
Me quoque iuuit iter tritum calcare Philetæ,
  Inq; Vmbri spatiis currere Callimachi.
Et pastoraleis interdum inflare cicutas,
  Et Siculis numeris ludere cura fuit.
Inde per Heroum titulos laudésque deorum
  Insolita rapuit me tuba rauca via.
Omnia quæ veterum puris è fontibus hausta
  Aut graphicè expressi, vel meliora dedi.
Denique Sigæo tandem de littore soluit
  Francias auspiciis Karole magne tuis,
Francias haut vlli temere tentanda nepotum,
  Atque adeo Coæ Cypridos instar opus.
Mæonidæ sat erat, magno sat & ire secundum

TVMVLVS. 187

Virgilio, meritis cessit vterque minor.
Omnia cesserunt, cessit me sospite liuor,
Et potui viuus posteritate frui.
Mors superanda fuit, ne quid non cederet: ecce
Cessit & exsequiis mors superata meis.

I. August. Thuanus Aemerius.

EIVSDEM
AD IO. GALANDIVM NO-
uissima P. Ronsardo facientem.

Dum gratus functo pia funera ducis amico,
   Obliuioso funere ipse te asseris.
RONSARDI nomen dum laude sub æthera tollis,
   Tuis choro vatum astrepente lacrimis,
In laudes mæsta ora tuas soluuntur olorum,
   Noménque surgit nomine alieno tuum:
Denique dum lauros vatis statuásque iacentes
   Erigis, & ipse imagines statuis tibi:
Felix ergo fide, felix & amore GALANDI,
   Laudísque tanto debitæ præconio,
Nequicquam tecum fido contendat amore
   Fratrem redeniit morte qui alterna suum:
Non vitam alterius meruisti morte perennem,
   Vitam perennem dando vicissim & accipis.

ELEGIE
SVR LE TRESPAS DE
PIERRE DE RONSARD,
A Monsieur des Portes Abbé
de Thiron, par R.
Garnier.

Ature est aux humains sur tous autres
cruelle:
On ne voit animaux
En la terre & au ciel, ny en l'onde in-
fidele,
Qui souffrent tant de maux.
Le rayon éternel de l'essence diuine,
Qu'en naissant nous auons,
De mille passions nos tristes iours épine
Tandis que nous viuons.
Et non pas seulement viuants il nous torture,
Mais nous blesse au trespas:
Car pour preuoir la mort, elle nous est plus dure
Qu'elle ne seroit pas.
Si tost que nostre esprit dans le cerueau raisonne,
Nous l'allons redoutant,
Et sans cette frayeur que la raison nous donne,
On ne la craindroit tant.
Nous craignons de mourir, de perdre la lumiere
Du Soleil radieux,

Nous craignons de passer sur les ais d'une biere
  Le fleuue stigieux.
Nous craignons de laisser nos maisons delectables,
  Nos biens & nos honneurs,
Ces belles dignitez, qui nous font venerables
  Remarquer des seigneurs.
Les peuples des forests, de l'air & des riuieres,
  Qui ne voyent si loing,
Tombent iournellement aux mortelles pantieres
  Sans se gesner de soing:
Leur vie est plus heureuse, & moins sujette aux peines,
  Et encombres diuers,
Que nous souffrons chetifs en nos ames humaines
  De desastres couuerts.
Ores nous poind l'amour, tyran de la ieunesse,
  Ores l'auare faim
De l'or iniurieux, qui fait que chacun laisse
  La vertu pour le gain.
Cestuy-cy se tourmente apres les grandeurs vaines,
  Enflé d'ambition:
De cestuy-la l'enuie empoisonne les veines
  Cruelle passion.
La haine, le courroux, le despit, la tristesse,
  L'outrageuse rancœur,
Et la tendre pitié du foible qu'on oppresse,
  Nous bourrellent le cœur.
Et voila nostre vie, ô miserables hommes!
  Nous semblons estre nez
Pour estre, cependant qu'en ce monde nous sommes
  Tousiours infortunez.
Et encore, où le Ciel en vne belle vie
  Quelques vertus enclost,

La chagrineuse Mort qui les hommes ennuye,
    Nous la pille aussi tost.
Ainsi le verd email d'une riante prée
    Est soudain effacé,
Ainsi l'aimable teint d'une Rose pourprée
    Est aussi tost passé.
La ieunesse de l'an n'est de longue durée,
    Mais l'Hyuer aux doigts gours,
Et l'Esté embruny de la torche etherée
    Durent presque tousiours.
Mais las ! ô doux Printemps, vostre verdeur sanie
    Retourne en mesme point,
Mais quand nostre ieunesse vne fois est finie
    Elle ne reuient point.
La vieillesse nous prend maladiue & fascheuse,
    Hostesse de la Mort,
Qui pleins de mal nous pousse en vne tombe creuse
    D'où iamais on ne sort.
Des-Portes, que la Muse honore & fauorise
    Entre tous ceux qui ont
Suiuy le saint Phebus, & sa science apprise
    Dessur le double mont :
Vous voyez ce Ronsard, merueilles de nostre âge,
    L'honneur de l'Vniuers,
Paistre de sa chair morte, ineuitable outrage,
    Vne source de vers.
De rien vostre Apollon, ny les Muses pucelles
    Ne luy ont profité :
Bien qu'ils eussent pour luy les deux croppes iumelles
    De Parnasse quitté :
Et qu'il les eust conduits aux accords de sa Lyre
    Dans ce François seiour,

Pour chanter de nos Roys, & leurs victoires dire,
    Ou sonner de l'amour.
C'est grand cas, que ce Dieu, qui dés enfance l'aime,
    Afranchit du trespas
Ses divines chansons, & que le chantre mesme
    N'en affranchisse pas.
Vous en serez ainsi : car bien que vostre gloire
    Espandue en tous lieux,
Ne descende estoufée en une tombe noire
    Comme un peuple otieux,
Et que vos sacrez vers, qui de honte font taire
    Les plus grands du mestier,
Nous facet choir des mains, quãd nous en cuidõs faire,
    La plume & le papier:
Si verrez vous le fleuve où tout le Monde arrive,
    Et payrez le denier
Que prend pour nous passer iusques à l'autre rive
    L'avare Nautonnier.
Que ne ressemblons nous aux vagueuses rivieres
    Qui ne changent de cours?
Ou au branle eternel des ondes marinieres
    Qui reflotent tousiours?
Et n'est-ce pas pitié, que ces roches pointues,
    Qui semblent despiter,
De vents, de flots, d'orage, & de foudres batues,
    L'ire de Iupiter,
Vivent incessamment, incessamment demeurent
    Dans leurs membres pierreux,
Et que des hommes, tels que ce grãd Ronsard, meurent
    Par un sort rigoureux?
O Destin lamentable! un homme qui approche
    De la divinité

Est rauy de ce monde, & le front d'vne roche
 Dure en eternité.
Qui pourra desormais d'vne aleine assez forte
 Entonner comme il faut
La gloire de mon Roy, puisque la Muse est morte
 Qui le chantoit si haut?
Qui dira ses combats ? ses batailles sanglantes?
 Quand ieune, Duc d'Anjou,
De sa main foudroya les troupes Protestantes
 Aux plaines de Poictou?
Des Portes qui sera-ce ? vne fois vostre Muse,
 Digne d'estre en son lieu,
Fuyant l'honneur profane auiourd'huy ne s'amuse
 Qu'aux loüanges de Dieu.
Et qui sera-ce donc ? quelle voix suffisante
 Pour sonner grauement
Ioyeuse vostre Achil, dont la gloire naissante
 S'accroist iournellement?
Qui dira son courage, indomtable à la peine,
 Indomtable à la peur,
Et comme il appareille auec vne ame humaine
 Vn magnanime cœur?
Comme il est de l'honneur, du seul honneur auare,
 D'autres biens liberal,
Cherissant vn chacun, fors celuy qui s'egare
 Du seruice royal?
Ne permette Clion, & Phebus ne permette
 Que Ronsard abattu
Par l'ennuyeuse mort, ne se treuue Poëte
 Qui chante sa vertu.
Adieu mon cher Ronsard, l'abeille en vostre tombe
 Face tousiours son miel,

Que le baume Arabic à tout iamais y tombe,
  Et la manne du Ciel,
Le Laurier y verdisse auecques le Lierre
  Et le Myrte amoureux,
Riche en mille boutons, de toutes parts l'enserre
  Le Rosier odoreux,
Le Thym, le Baselic, la franche Marguerite,
  Et nostre Lis François,
Et ceste rouge fleur, où la plainte est escrite
  Du malcontent Gregeois.
Les Nymphes de Gastine, & les Naïades sainctes,
  Qui habitent le Loir,
Le venant arroser des larmettes epreintes,
  Ne cessent de douloir.
Las! Cloton a tranché le fil de vostre vie
  D'vne piteuse main,
La voyant de vieillesse & de goutes fuyuie,
  Torturage inhumain:
Voyant la poure France en son corps outragée
  Par le sanglant effort
De ses enfans, qui l'ont tant de fois rauagée,
  Soupirer à la Mort:
Le Souysse aguerry, qui aux combats se loüe,
  L'Anglois fermé de flots,
Ceux qui boiuent le Pau, le Tage, & la Danoüe,
  Fondre dessus son dos,
Ainsi que le Vautour, qui de griffes bourelles
  Va sans fin tirassant
De Promethé le foye, en pastures nouuelles
  Coup sur coup renaissant:
Les meurtres inhumains se font entre les freres,
  Spectacle plein d'horreur,

I

Et deja les enfans courent contre leurs peres
    D'vne aueugle fureur :
Le cœur des Citoyens se remplit de furies,
    Les Paysans escartez
Meurent contre vne haye: on ne voit que turies
    Par les champs desertez.
Et puis allez chanter l'honneur de nostre France
    En siecles si maudits,
Attendez-vous qu'aucun vos labeurs recompense
    Comme on faisoit jadis ?
La triste poureté nos chansons accompagne:
    La Muse, les yeux bas,
Se retire de nous, voyant que l'on dedaigne
    Ses antiques ebats.
Vous estes donque heureux, & vostre mort heureuse,
    O Cigne des François,
Ne lamentez que nous, dont la vie ennuyeuse
    Meurt le iour mille fois.
Vous errrez maintenant aux campaignes d'Elise,
    A l'ombre des Vergers,
Où chargent en tout temps, asseurez de la Bise,
    Les jaunes Orengers :
Où les prez sont tousiours tapissez de verdure,
    Les vignes de raisins,
Et les petits oiseaux, gasouillans au murmure
    Des ruisseaux cristalins.
Là le Cedre gommeux odoreusement sue,
    Et l'arbre du Liban,
Et l'Ambre, & Myrrhe, au lit de son Pere receüe,
    Pleure le long de l'an.
En grand foule acourus autour de vous se pressent
    Les Heros anciens,

Qui boiuent le Nectar, d'Ambrosie se paissent,
 Aux bords Elisiens:
Sur tous le grand Eumolpe, & le diuin Orphée,
 Et Line, & Amphion,
Et Musée, & celuy, dont la plume eschaufée
 Mist en cendre Ilion.
Le loüangeur Thebain, le chantre de Mantoüe,
 Le Lyrique Latin,
Et auecques Seneque, honneur grand de Cordoüe,
 L'amoureux Florentin:
Tous vont battant des mains, sautellent de liesse,
 S'entredisant entre eux,
Voyla celuy, qui donte & l'Itale & la Grece
 En poëmes nombreux:
L'vn vous donne sa lyre, & l'autre sa trompette,
 L'autre vous veut donner
Son Myrte, son Lierre, ou son Laurier profette,
 Pour vous en couronner.
Ainsi viuez heureuse, Ame toute diuine,
 Tandis que le Destin
Nous reserue aux malheurs de la France, voisine
 De sa derniere fin.

STANCES.
I.
AMadis resentit au fonds de son courage
Vn tel coup de douleur du trespas de Ronsard,
Que l'ennuy luy naurant l'ame de part en part
Luy desroba l'esprit de plaindre vn tel dommage.

II.
Donc, braue Poësie, en dueil coupe la nue,
Vole par l'vniuers, & d'vn son esclatant

I ij

Pour luy auec tes vers sans fin te lamentant
Raconte cette perte aux François auenue.

III.

Soudain Princes, & Rois, Amoureux, & Gensdarmes,
Toute sorte d'estats le pleurerent si fort,
Qu'Atropos, bien que sourde, entendra qu'elle a tort,
Et de l'auoir tué se fondra toute en larmes.

IIII.

O combien les filets de la Parque inhumaine
Ont d'extreme puissance en leur fatalité,
Puis qu'ils ont sçeu fermer d'vn silence indonté
La bouche des neuf Sœurs de la saincte Neuuaine!

V.

Mais ie pense qu'au lieu d'Helicon & Parnasse
Les Muses pour logis tresexcellent & beau
Ont choisi maintenant de Ronsard le Tombeau,
Honteuses qu'on les voye ailleurs qu'en cette place.

Amadis Iamin, Secretaire de la
chambre du Roy.

VNde orta est aut vnde ruit tam dira repentè
Tempestas : medium video discindere cœlum
Palantésque polo stellas, desertáque summi
Ardua Parnassi, totúmque Helicona madere
Effusum in lachrymas, pullata veste sorores
Atra queri & longas in fletum ducere noctes,
Ronsardo linquente orbem, superísque locato.
Quàm benè consultum est Gallo quòd carmine versus
Scripserit! is Latio vsus si sermone fuisset,
Occiderent vnà Musæ Latiæ atque Camœnæ:
Sed viuunt, retinéntque decus primúmque nitorem,
Æternùm vt laudent vectum super astra Poëtam.

Io. Clericus libell. supplicum in
Senatu Paris. Præses.

Has tibi Parisiis sacras in collibus aras
　Magne parens, grata ponimus ecce manu.
Tu patrij Deus eloquij, quo numine quondam
　Pierias Francum protulit vber opes.
Ergo velut Cereri & Baccho sua sacra quotannis
　Vouerat, & festos gens operata dies,
Sic tibi quotquot erunt Galli, tua turba, Poëtæ
　Annua solenni carmine vota ferent.
Iámque tibi primos ecce instauramus honores,
　Et ferimur vitæ pulchra per acta tuæ.
Vt claræ antiqua deductus origine gentis
　Threicio dederis tempora prima Deo.
Vt mox & laudis meliore incensus amore
　Malueris Musas Graia per antra sequi.
Nullus erat tua qui regeret vestigia callis
　Saxa per ce nullo culmina trita pede.
Tu tamen & salebras & sentibus espera vincis
　Omnia, nec durum te remoratur iter,
Donec Hyantæo teneras ò fonte sorores
　Deducas patrios victor ad vsque lacus:
Inde vbi per medias Nymphis comitantibus vrbe
　Conspicuum insigni tollis honore caput,
Protinus vt roseo surgit cum Lucifer ortu,
　Cum tenebris fugiunt astra minora suis,
Sic rudis incultos aluit quos Gallia vates
　Fugere ad vultus lumina prima tui.
Nunc igitur laudésque hominum laudésque Deorum
　Concinis, aut mollis quæ tibi dictat Amor,
Nunc ortus rerum varios, veríque latebras
　Quæris, & audaci tendis in astra via,
Martia nunc resonas heroo prælia versu,
　Francósque à Phrygio principe ducis auos.

I iij

Neue tibi veteres contendant laude Poëte,
   Quotquot habet Latium, Græcia quotquot habet,
Nil intentatum mens indefessa reliquit,
   Siue placent cytharæ munera, siue tubæ.
Felices Ligeris ripæ, felicia Cosmi
   Fana tui, uberibus Turóque diues agris:
Et quæcunque tuo demulsæ carmine gentes,
   Hausere ætherios vatis ab ore fauos.
Te nemorum coluere Deæ, te sæpe canentem
   Mænaliis Faunus visit ab usque iugis.
Te stupuit Natura parens, nec te tua cepit
   Gallia, quæ tanti ciuis honore tumet,
Sed norunt late populi, quósque vltima Thule,
   Quósque alit Hesperio terra propinqua freto,
Quique bibunt Istri gelidum septemplicis amnem,
   Quique Euphrate habitant & loca cincta Tigri.
Salue cura Deûm salue ipsis addite Diuis,
   Vindocini æternum sidus, honósque soli.
Non tibi quærenda est alieno fama labore,
   Digna nec ingenio laus satis vlla tuo est.
Tu tamen hæc cape vota lubens, seu lactea mundi
   Te plaga, seu magni te tenet aula Iouis,
Et si quis tibi restat amor, si cura tuorum,
   Nec te operis memorem iam piget esse tui,
Respice nos, animísque interdum illabere nostris,
   Tractamus patriæ dum noua plectra Lyræ.

                         Scæuola Sammarthanus
                         Quæstor Franciæ.

Viuenti lusit sic Stephanus Paschasius.

Hæc tibi viuenti magne ô Ronsarde sacramus,
  Quas nos defunctis soluimus exequias.
Haud aliter poteras donari hoc munere, vt in quem
  Inuida mors nullum vendicet imperium.

Petri Ronsardi Epitaphium.

Hic Ronsarde iaces, & tecum Phœbus eadem,
  Et Musæ, & Charites contumulantur humo.
         Steph. Paschasius Reg. Rationum
                    Patronus.

Traduction du precedant.

CY gist le grand Ronsard, & auecq' luy aussi
  Les Graces, les neuf Sœurs, Phœbus gisent icy.
         Estienne Pasquier Aduocat du Roy en
              sa chambre des Comptes.

Ronsardo struitis, vates, quid cespite frustra
  Mortali tumulum, pinna qui cœlite viuus
Tot sibi, tot patriæ monimenta æterna sacrauit?
An vos vt cœlo secum, Iouis armiger, addat?
                        Ant. Ois.

SVmme Poëtarum quos prisca & nostra tulerunt,
  Quósque ferent Gallis postuma sæcla tuis,
Parce, nec ista tibi veluti data iusta putato,
  Sed tanquam summis manibus inferias.
                    P. Pithoeus I. C.

Piis amici Ronsardi Manibus.

Ronsarde Aoniæ decus immortale cohortis,
  Pars animæ quondam dimidiata meæ:
Siquis, vt est sensus defunctis, sit tibi gratum

Postremum hoc mæsti funeris officium:
Accipito has lachrymas veras ac intus obortas,
 Quas meus ex imo pectore fundit amor.
Sed lugere vetas : quoniam tua fama superstes
Orbi te illustrem conspicuúmque refert:
Et quoniam, vt spero, fœlix conuiua Deorum
 Pro nobis miseris vota precésque facis.

Io. Gallandius.

SONNET.

Tout ainsi qu'au debat du prix de la beauté
 Et Pallas & Iunon, rallumant leur querelle,
Au chois que fit Paris, qui nomma la plus belle,
Quitterent à Cypris le loyer merité.
 Homere aussi combien qu'il eust Pallas chanté,
Virgile que Iunon vit animé contre elle,
A Ronsard ton Poëte, ô Venus immortelle,
Au nom de ton Paris leurs Lauriers ont quitté.
 Le sort egal pourtant ces trois tant favorise
Que leur Tombeau fait honte au dessein d'Arthemise:
 Homere gist d'Ios sur les celestes fleurs,
Virgile dans ton sein, Parthenope Sereine,
Et Ronsard sur la soye aux iardins de Touraine,
Que Cypris & le Loire arrousent de leurs pleurs.

Claude Binet.

DISCOVRS SVR LE TRES-PAS DE MONSIEVR DE RONSARD.

Qvand l'ame de Ronsard la demeure eut quittée
Où le Destin l'auoit soixante ans ar-restée,
Et que ce bel esprit de son corps dé-uoillé,
Comme venu du Ciel au Ciel fut revollé,
La France qui pensoit que iamais ses années
Ne verroient par la mort leurs courses terminées,
Disant qu'à sa naissance ainsi l'auoient promis
Et Iupiter luy-mesme & les Destins amis:
Voyant son esperance en vent s'en estre allée,
Et la publique foy des Destins violée,
Elle ne peut muette endurer ce malheur:
Ains laissant librement murmurer sa douleur;
Et dire en souspirant d'vne voix angoissée
Ce que sa passion dictoit à sa pensée.
En fin croyant son dueil toute en pleurs elle alla
S'en plaindre à Iupiter; qui durant ce temps là,
Desarmé de sa foudre & nud de son Ægide
Banquetoit chez Thetis la belle Nereide
Dans le sein des grands flots, qui d'vn pas ondoyant
Vont aupres de Thollon les Gaulles costoyant,
Sejour où de long temps le vieil pere Nerée

I v

S'aime plus qu'en nul lieu de la plaine azurée.
　La sous les flots marins vn Roch est esleué,
Où comme vne grand salle vn bel Antre est caué,
Qu'il semble que Nature ait fait par artifice,
Tant elle a sçauamment en ce rare edifice
Imité le sçauoir de son imitateur,
Et rendu le dessein digne de son autheur.
　Nymphes qui sous les eaux demenez vos carolles,
Prestez ie vous supply faueur à mes parolles,
Ne vous offensant point si ie vois en parlant,
De vos Palais marins les tresors decelant,
Et si i'expose au iour ce que la mer profonde,
Cache dans son abisme aux yeux de tout le monde:
Le Discours n'est pas long & ne merite point
Que les flots de l'oubly l'abisment de tout poinct.
　Quand Neptune espousa la Deesse Amphitrite
Qu'amour dedans son cueur auoit si bien escrite,
La terre desirant l'Espousée honorer
D'vn present qui se peust à bon droit admirer,
Tira hors de son sein ceste belle fabrique,
Pour seruir au festin de salle magnifique,
Et depuis Amphitrite à Thetis la donna,
Lors qu'au riuage Indois Neptune l'amena.
　Prothée à qui ie doy le Discours de l'histoire
Que ie vois par ces vers sacrant à la Memoire,
Me descriuant vn iour cet Antre merueilleux,
Et les riches beautez dont il est orgueilleux,
Me dist que le Rocher dont il creuse la masse,
Est tout d'vn marbre verd qui l'Emeraude efface:
Que mille grands coraux de la roche naissans,
Et de leurs rouges bras l'vn l'autre s'enlassans,
Cheminent par la voûte, & lambrissans la salle

D'un superbe plancher que nul autre n'egalle,
Imitent en iouant les treilles des iardins,
Et leur pendent des bras des perles pour raisins:
Que pour riche pavé dessous les pieds blondoye
Le luisant sable d'or qui dans Pactole ondoye,
Et brief qu'il paroist bien qu'vn si beau bastiment
Fut fait par les Dieux seuls pour les Dieux seulement.
   Aussi les flots sallez dont ceste Roche est ceinte,
Comme arrestez d'vn frein de respect & de crainte,
N'osent enter dedans ny le lieu visiter,
Quoy que le sueil ouvert les en semble inuiter:
Ains recognoissans bien qu'indigne de l'entrée
Leur humeur est prophane & la Grotte est sacrée,
Ils s'en retirent loing, l'enfermant tout au tour
De grands murs cristalins qui transmettent le iour.
   Là du plus precieux des Royaumes humides,
Par les sçauantes mains des belles Nereides,
En superbe appareil & conuenable aux Dieux,
Le festin est dressé, quand le grand Roy des Cieux
Vient és mers de deça visiter chez Nerée,
Thetis dont il a l'ame encore enamourée.
   Finy donc le souper dont il auoit esté
Ce soir là de Thetis pompeusement traité,
Comme les demy-Dieux alloient leuer la table,
France portans en l'ame vn dueil insupportable
Entre dans ceste Grotte, & triste se iettant
Aux pieds de Iupiter, luy dist en sanglottans,
Pere, Ronsard est mort : où sont tant de promesses,
Qu'appellant à tesmoins les Dieux & les Deesses,
Tu me iurois vn iour par les eaux de là bas,
Qu'il viuroit vne vie exempte du trespas?
   Certes quand le malheur qui me portoit enuie,

Eut tant fait que mon Roy fut prins deuant Pauie,
Et que les Espagnols de mon mal triomphans,
Tramperent l'Insubrie au sang de mes enfans,
Alors que de douleur profondement attainte
Prosternée à tes pieds ie te faisois ma plainte:
Nymphe, ce me dis-tu, console ta douleur,
Ton repos & ta paix naistront de ce malheur.
Il falloit que le cours des fieres Destinées
Allast par ceste voye à ses fins ordonnées:
Ainsi l'auoit le Ciel de long temps aresté.
Mais non plus que le cours des torrens de l'Esté,
Qu'vn orage conçoit, n'est iamais de durée
Non sera le malheur qui te rend esplorée.
Car quant à la prison qui te fait souspirer,
Tu verras dans vn an ton Roy s'en retirer,
Plus grand plus redouté que si nulle tempeste,
D'ennuis & de malheurs n'auoit frappé sa teste:
Car le malheur rend sage & son coup outrageux,
Qui destruit les couards, instruit les courageux.
Cependant pour monstrer que iamais ie n'enuoye
Vne pure douleur ny vne pure ioye,
Sache que ce mesme an qui maintenant escrit
D'vn ancre si sanglant son nom en ton esprit,
Ce mesme an qui te semble estre si deplorable,
Te sera quelque iour doucement memorable:
D'autant que dans le sein du terroir Vandomois,
Auant que par le Ciel se soient tournez sept mois,
Vn enfant te naistra, dont la plume diuine
Egallera ta gloire à la gloire Latine,
Et par qui les Lauriers croissants au double mont
Non moins que ceux de Mars t'ombrageront le front.
 Ie ne soufflay iamais du vent de mon haleine,

Tant de diuinité dedans vne ame humaine,
Comme i'en souffleray dedans la sienne, à fin
Que ce qu'il chantera puisse viure sans fin:
Et que non seulement il acquiere à sa vie
Vne immortalité maistresse de l'enuie,
Mais que mesme il l'acquiere à ceux de qui ses vers
Voudront rendre le nom fameux par l'Vniuers.
Pource appaise tes pleurs, consolant par l'attente
De ce bon-heur futur l'infortune presente.

 Ainsi flattant mon dueil, & m'essuyant les yeux,
Tu me disois alors ô grand Prince des Dieux,
Remarquant de Ronsard la future naissance:
Et moy qui me laissay piper à l'esperance,
Ie finy mes souspirs en pensant qu'vn tel heur
Me deuoit bien couster vne egalle douleur,
Et qu'encor ma fortune estoit elle enuiable,
Si pour tant de mes fils couchez morts sur le sable,
Vn au moins me naissoit, de qui l'estre diuin
N'arriueroit iamais à la derniere fin.

 Mais à ce que ie voy, ceste belle promesse
Qui ne tendoit alors qu'à tromper ma tristesse,
A trompé mon espoir & mon attente aussi.
Car ce diuin ouurier ma gloire & mon soucy,
Qui deuoit imiter du Cedre la nature,
Qu'on voit non seulement exempt de pourriture,
Ains mesme en exempter ce qu'il tient enfermé,
Si bien que par ses vers estant comme embausmés
Vn nom ne deuoit plus perir dedans la Tombe,
Luy mesme y est tombé comme vn autre hôme y tombe,
Et n'a pas moins payé pour passer Acheron,
Que seroit estant mort vn simple buscheron.
 Si m'estois-ie promis (& sans la mort cruelle
I vij

Ie croy que cet espoir m'auroit esté fidelle)
De luy voir couronner d'une si belle fin,
L'œuure qui conduisoit Francus au bords du Rhin.
Que ny celuy qui fist souspirer Alexandre
Sur le fameux Tombeau de la Gregeoise cendre,
Ny celuy dont Ænée a fourny l'argument,
Ne le precederoient que de temps seulement.
La i'esperois renoir ma couronne Ducale
Croistre sous Pharamond en couronne Royale:
Là Clotaire vengeant l'iniure de son fils,
Mesurer de rechef les Saxons desconfis,
A la courte longueur de sa trenchante espée,
Et de tous les plus grands la vie estre couppée.
Puis ie me promettois que le fil de ses chants,
Courant legerement par la trace des ans,
Paruiendroit à ce siecle & par toute la terre
Publieroit les beaux faits soit de paix soit de guerre,
De mes Princes derniers, & sur tous de celuy
Qui dãs sa forte main tient mon Sceptre auiourd'huy,
Le dernier des derniers en la suite de l'âge,
Le premier des premiers en prudence & courage.
 Mais à ce que ie voy, i'ay vainement nourry
Ceste attente en mon ame en faueur de HENRY:
La mort m'a pour iamais ceste gloire rauie,
Ronsard n'est plus vinant: mon espoir & sa vie
Ont fait tous deux naufrage encõtre vn mesme escueil
Et tous deux sont allez sous vn mesme cercueil.
 O Pere, ie sçay bien que nostre obeissance
Ne doit point murmurer contre ton ordonnance,
Et qu'en ce qui nous fait estonyr ou douloir
C'est assez de raison qu'alleguer ton vouloir.
Aussi si retractant l'effect de ta promesse,
Ton vouloir est luy-mesme autheur de ma tristesse,

Et s'il n'accorde plus de repentance espoint,
Que ce bon-heur la soit : & bien, qu'il ne soit point :
Qu'il soit permis au Dieu de qui suiets nous sommes,
D'auoir le cœur muable aussi bien que les hommes.
Mais si l'intention de ton premier dessein
Reste encore immuable au profond de ton sein,
Qui donne ceste audace au pouuoir de la Parque
De rompre les arrests du celeste Monarque?
Qu'elle perde donc tout, s'il luy est tant permis :
Que les demy-Dieux mesme à sa loy soient soumis,
Et que si sa fureur son courage y conuie,
Elle me vienne aussi despouiller de la vie,
Encor que ta faueur m'accordant des autels,
Me daigne faire asseoir au rang des immortels :
Faueur qui maintenant m'est en peine tournée,
Puis que de tant d'ennuis à toute heure gesnée
Mon immortalité ne me sert seulement
Que d'immortalizer ma peine & mon tourment.
  Ainsi se complaignoit ceste Reine dolente
Aux pieds de Iupiter en larmes distilante,
Quand luy qui patient sa complainte entendit,
Reprenant la parole ainsi luy respondit.
  Princesse, l'esperance en ton ame conceuë
Du viure de Ronsard à la fin t'a deceuë,
Non pource qu'és propos que de luy ie te tins,
Manqua la verité ny la foy des Destins,
Mais pour ce qu'en ton ame escoutant ma sentence,
Manqua de mes propos la saine intelligence.
  Ie iuray voirement par les eaux de là bas,
Qu'il viuroit vne vie exempte du trespas :
Mais ceste vie ô Nymphe, il la falloit entendre
De celle là qui fait qu'on suruiue à sa cendre,
De celle-là qui rend vn renom ennobly,

Et dont il n'y a point d'autre mort que l'oubly.
    Car quant à l'autre vie à la Parque suiette,
Le Soleil voit-il bien quelqu'vn qui se promette
De ne la point finir, puis que c'est seulement
Pour prendre quelque fin qu'on prend commencement?
    O Nymphe, l'estre humain ce n'est riē qu'vn nō estre:
On commence à mourir dés qu'on commence à naistre:
Et comme nauiguer ce n'est que tendre au port,
Ainsi viure ce n'est qu'aller deuers la mort.
    Iette l'œil du penser dessus tout ce qu'enserre
Dedans son large sein la rondeur de la terre,
Tu verras que la faux de la Parque & du Temps
Y va tout moissonnant comme herbe du Printemps:
Tu y verras perir les Temples magnifiques,
Les grands Palais des Rois, les grandes Republiques,
Et souuent ne rester d'vne grande cité,
Sinon vn petit bruit qu'elle a iadis esté.
Et si non seulement le temps fera resoudre
Les temples les chasteaux & les hommes en poudre,
Mais aussi ce grand Tout, ce grand Tout que tu vois
Qui ne sçait ou tomber, tombera quelque fois.
Va, plains toy maintenant qu'vne maison priuée
Du sac vniuersel ne se soit point sauuée,
Et te desplais de voir arriuer à quelqu'vn,
L'accident que tu vois arriuer à chacun.
    Ie sçay bien que ta perte estant démesurée,
Elle ne se peut voir suffisamment plorée,
Et qu'il est difficile en vn si grand malheur,
D'imposer promptement silence à sa douleur.
Mais encor deurois-tu ton angoisse refraindre,
Quand tu viens à penser qu'en ce qui te fait plaindre,
Tu te vois mesme auoir les Dieux pour compagnons.

Et qu'aussi bien que toy du Sort nous nous plaignons.
 Regarde à moy qui suis le Monarque celeste,
Encor ay-ie senty que peut l'heure funeste,
Encor m'a fait gemir la rigueur de son trait:
Et bien souuent outré de dueil & de regret
Pour mes propres enfans tuez dans les allarmes,
La Mort iointe à l'amour m'eust fait ietter des larmes,
Si la grandeur du Sceptre enfermé dans mes mains
Me permettoit les pleurs aussi bien qu'aux humains.
 Mon Sarpedon mourut en la Troyenne guerre,
Et mon Hercule mesme oste-mal de la terre,
Bien qu'il fust destiné pour estre l'vn des Dieux,
Sans passer par la Mort ne vint point dans les Cieux.
Ainsi ce que le Sort a de plus lamentable,
En le rendant commun il le rend supportable,
Et la Parque adoucit l'aspre seuerité
De ses funestes loix par leur egalité.
Et pource ô belle Reine appaise ta tristesse:
Permets que la raison ton courage redresse:
Souffre vn mal necessaire, & pense qu'on ne peut
Brauer mieux le Destin qu'en voulant ce qu'il veut.
 Tu fais tort à Ronsard & à toy-mesme encore,
Si tu le vas plorant comme il faut que l'on plore
Ceux qui vont tous entiers dedans le monument,
Et ne laissent rien d'eux que des os seulement.
Il n'est pas mort ainsi, sa viue renommee
Suruiuante à sa mort tient sa gloire animee:
Et s'il ne vit du corps, il vit de ceste part
Qui le faisoit estre homme, & mesme estre Ronsard.
Ioint que si les honneurs payez à ceux qui meurent
Adoucissent l'ennuy des amis qui demeurent,
Ton cœur a bien dequoy consoler ses douleurs:

Car si iamais trespas fut honoré de pleurs,
Nõ de vulgaires pleurs, mais de pleurs vraymẽt dignes
Et des Cignes François, & du pere des Cignes,
Son Tombeau s'en verra tellement honoré,
Qu'vn Dieu mort ne sçauroit estre autrement ploré
Vn Temple est à Paris dans l'enclos où commande
La moitié de son cœur son cher amy Galande:
Là se doiuent trouuer en vestements de dueil,
Pour aller d'eau sacree arrousant son cercueil,
Et payer ce qu'on doit pour le dernier office,
Les plus rares esprits dont cest âge florisse,
Alentour du Tombeau couronnez de Cypres,
Iettans au lieu de fleurs des pleurs & des regrets.
Sur le poinct que la troupe humectant ses paupieres
Dira sur le cercueil les paroles dernieres,
Ie veux que mon Mercure à l'heure vray larron
Des cœurs & des esprits se change en du Perron,
En ton grand du Perron la gloire de son âge.
Ie veux qu'il porte ainsi la taille & le visage,
Et qu'empruntant sa forme, & ne se monstrant Dieu
Sinon en son parler, il s'assee au milieu
De ceste docte bande attachee à sa langue,
Et face de Ronsard sa funebre Harangue,
Consacrant sa memoire, & comme aux immortels
Luy donnant ce qui donne vn Temple & des Autels.
Que si iamais on vit, soit dessous sa figure,
Soit sous vn autre habit Mercure estre Mercure,
On le sentira là par l'effect du parler,
Qui comme vn fleuue d'or coulant sans s'ecouler
Fera lors par essay cognoistre à l'assistence
Combien absolument les loix de l'eloquence
Regnent sur les desirs des plus rebelles cœurs,

Ou commandant la ioye, ou demandant les pleurs.
  L'assistance rauie & pleine de merueille
Ressentant bien qu'vn Dieu charmera son oreille
Plus que iamais Ronsard admirera ton heur,
D'auoir peu rencontrer vn si digne loueur,
Et confessera lors comme esprise d'enuie
Que son trespas t'honore autant comme ta vie.
  Au reste ô belle Reine, asseure ton penser,
Que si iamais beau nom s'est veu Stix repasser,
On sorti du Tombeau d'auec la froide cendre,
Sur tout le large front de la terre s'estendre,
Et trouuer le Ciel mesme estroit pour son renom,
Ce sera de Ronsard le glorieux surnom,
Et n'en sera iamais sur la terre habitable,
Ny de moins ennuyé, ny de plus ennuyable.
  Vn iour doit arriuer promis par les Destins
(Et ce iour n'est pas loing) que des peuples Latins,
Que des champs Espagnols, que de ceux d'Allemagne,
Et mesme de ceux là que la Tamise bagne,
Bref de toute l'Europe & des lieux incognus
Où ses escrits seront en vollant paruenus,
On viendra saluer le sepulchre ou repose
Son vmbre venerable, & sa despouille enclose,
Seulement pour se voir de cest aise pourueu,
De s'en pouuoir vanter & dire, Ie l'ay veu.
  Là se celebreront d'vne feste ordinaire
Tous les ans au retour de son anniuersaire,
Des jeux & des combats entre les beaux esprits,
Où les mieux escriuants emporteront le pris.
Et ie veux que celuy qui par trois nuits entieres
Veillant sur son Tombeau n'aura clos les paupieres,
S'en retourne Poete, & que dans son païs

Rauissant de ces vers les peuples esbahis,
Il monstre que Ronsard l'heur de l'humaine race
Viuant fut vn Phebus, & mort c'est vn Parnasse.

 Ainsi dist Iupiter, chatouillant de ces mots
L'esprit de la Princesse : elle appaisant les flots
Dont son cœur ondoyoit, ceste responce ouye
Se leua de ses pieds, à demy resiouye
R'entra dedans soy-mesme, & remist sur son chef
Les fleurs qu'elle en osta deplorant son meschef.

 O l'eternel honneur de la France & des Muses,
Qui premier debrouillant les semences confuses
De nostre Poesie en ordre les rangeas,
Et leur Chaos antique en ornement changeas:
Qui luy donnas des fleurs, donnas de la lumiere,
Reformas la laideur de sa forme premiere,
De ses diuersitez tiras de doux accords,
Et d'une ame diuine aniuas tout son corps:
Bel esprit qui n'eux onc ny n'auras en ce monde
Au mestier d'Apollon d'esprit qui te seconde,
Et de qui iustement nous pouuons prononcer,
Sans que les plus sçauants s'en puissent offencer,
Qu'au iour où ton trespas frauda nostre esperance,
A ce iour là mourut la mort de l'ignorance.
Pure & sainte clarté des esprits les plus purs,
Espoir des temps passez, desespoir des futurs,
Si quelque sentiment reste encore à ta cendre,
Tant qu'à trauers le marbre elle nous puisse entendre,
Entends grand Apollon du Parnasse François
Ces vers qu'en ton honneur ie chante à haute voix
Et ne t'offense point, si ie romps d'auanture
Le repos que tu prens dessous la sepulture,
Maintenant que ie viens pour te dire en ce lieu

Et le dernier bon-iour, & le dernier Adieu:
Ains prens en gré mon zele, & reçoy fauorable
De ces tristes presents l'offerte pitoyable,
De ces tristes presents, qui sont comme les fruicts
Que ta viue semence en mon ame a produits.
Car iour & nuit te lire enchanté de ta grace,
Non comme l'Ascrean dormir dessus Parnasse,
M'a fait estre Poëte : au moins si m'imposer
Vn nom si glorieux, ce n'est point trop oser.
 Ie n'auoy pas seze ans quand la premiere flame
Dont ta Muse m'éprit, s'alluma dans mon ame,
Et fist que ma ieunesse entrant en son Printemps
Tint desia de l'Hyuer, ne prenant passetemps
Qu'à lire tes escrits, & iugeant prophanee
L'heure qu'à ce plaisir ie n'auois point donnee,
Comme vn ieune amoureux qui pense auoir perdu
Le temps qu'à voir sa Dame il n'a point despendu.
 Depuis ie vins à voir les beaux vers de Des-Portes
Et lors mon feu nouueau print des flames plus fortes,
Allumé d'vn espoir qui me fist presumer
De pouuoir aisément sa douceur exprimer,
Espoir qui me trompa : car sa diuine grace
Qui va cachant son art, & qui de prime face
Promettoit tout facile à ma presomption,
S'esleue par dessus toute imitation.
 Lors à toy reuenant & pensant que la peine
De t'oser imiter ne seroit pas si vaine,
Ie te prins pour patron : mais ie peu moins encor
Changer mes vers de cuiure en tes vers qui sont d'or,
Si bien que pour iamais ma simple outrecuidance
En gardant son desir perdit son esperance.
 Adonc plus que deuant i'admiray vos esprits,

Ma main n'vsa plus rien que vos diuins escrits.
A toute heure, en tous lieux ie portay vostre image
Deuant mes yeux errante, & ferme en mon courage.
Ie reueray vos noms, reueray vos hostels,
Comme les Temples saints, des grãds Dieux immortels,
Voyant la palme Greque en vos mains reuerdie.
Bref ie vous adoray (s'il faut qu'ainsi ie die)
Tant de vostre bien dire enchanté ie deuins,
Comme des Dieux humains, ou des hommes diuins.
  Il est vray que l'esclair de la viue lumiere
Que versoit vostre gloire en ma foible paupiere,
M'esblouissant la veuë au lieu de m'esclairer,
M'eust fait de vostre suite à la fin retirer,
Rebutté pour iamais des riues de Permesse,
Si de mon vieil espoir confirmant la promesse
Vous n'eussiez mon esprit à poursuiure incité,
Me redonnant le cœur que vous m'auiez osté.
Toy principalement belle & genereuse Ame,
Dont l'eternel adieu de regret nous entame,
Qui voyant mon Destin me vouër aux neuf Seurs,
Me promis quelque fruit de mes premieres fleurs,
M'incitas de monter apres toy sur Parnasse
Et m'en donnas l'exemple aussi bien que l'audace.
Car tu fus lors vn feu de ma crainte vainqueur,
Qui m'esclaira l'esprit & m'eschaufa le cœur,
Quand d'vn conseil amy m'enseignant quelle voye
Va droit sur Helicon, & qu'elle s'en deuoye,
Tu me dis que Clion m'apperceut d'vn bon œil
Lors que mon premier iour salua le Soleil:
Qu'il me falloit oser : que pour longuement viure,
Il falloit longuement mourir dessus le liure,
Et que i'aurois du nom, si sans estre estonné

t'alloit poursuinant d'vn labeur obstiné.
Veuillent les Cieux amis, à l'honneur de cest âge,
Rendre l'euenement conforme à ton presage,
Et ne permettent point que i'aye obtins en vain
L'heur d'auoir veu ta face & touché dans ta main.
Cependant prens en gré, si rien de nous t'agree,
Ces pleurs qu'au lieu de fleurs & qu'au lieu d'eau sa-
    cree,
Auec toute la France attaints d'vn iuste dueil
Nous versons sur ta Tombe & de l'ame & de l'œil,
Pleurs que ton cher Binet en souspirant amasse:
Puis les meslant aux siens, en de l'or les enchâsse,
Et dolent les consacre à l'immortalité
Pour seruir de tesmoings de nostre pieté,
Et pour faire paroistre à ceux du dernier âge
Que nous auons au moins cogneu nostre dommage,
Et que nous l'auons plaint autant que nous pouuions,
Ne pouuants pas le plaindre autant que nous deuions.

BERTAVD.

ODE SAPHIQUE RIMEE.

─ υ ─ ─ ─υυ ─υ ─ ─ 3

─υυ ─ ─

Vous qui les ruisseaux d'Helicon fre-
qwentez,
Vous qui les iardins solitaires hantez,
Et le fond des bois, curieux de choisir
L'ombre & le loisir.

Qui viuants bien loing de la fange, & du bruit,
Et de ces grandeurs que le peuple poursuit,
Estimez les vers que la Muse apres vous
Trampe de miel doux:

Esleuez vos chants, redoublez votr'ardeur,
Soustenez vos voix d'une brusque verdeur,
Dont l'accord montant d'icy iusques aux Cieux
Irrite les Dieux.

Nostre grand RONSARD, de ce Monde sorty
Les efforts derniers de la Parque a senti:
Ses faueurs n'ont peu le garentir en fin
Contre le Destin.

Luy qui put des ans & de l'âge vaincus
Susciter Clouis, Pharamond, & Francus
Qu'vn pareil cercueil receloit, & leur los
Moindre que leurs os:

Luy qui put des morts rallumer le flambeau,
Et le nom des Rois retirer du Tombeau

Imprimant

Imprimant ses vers par un art maternel
    D'un stile eternel :
Bien qu'il eust neuf Sœurs, qui souloient le garder,
Il ne put les trois de là bas retarder,
Qu'il ne soit forcé de la fiere Clothon
    Hoste de Pluton.
Maintenant bien prés de la troupe des grands
Fondateurs guerriers de la gloire des Francs
On le voit pensif parauant qu'aborder
    Son Luth accorder.
Mais si tost qu'on l'oyt reciter de ses vers,
Virgile au combat cede les Lauriers verds :
Orphée, & Linus, & Homere font lieu
    Ainsi qu'à un Dieu.
Il va leur contant comme lors de son temps
Nos ciuils discords allumez de vint ans
Par tout ont remply le Royaume d'erreur,
    D'armes & d'horreur.
Il va leur chantant le peril & danger
Du Troyen Francus, valeureux estranger,
Qui deuoit aux bords de la Seine à bon port
    Esleuer un fort.
Ia le Rhin fourchu se couuroit de vaisseaux,
Et le Loire enfloit le canal de ses eaux
Sous ce grand guerrier qui d'Hyante auoit pris
    L'ardeur à mespris.
Ia Paris monstroit le sommet de ses tours,
Quand le Sort rompit le milieu de son cours :
Il ne plut aux Dieux que d'un homme fust fait
    Oeuure si parfaict.
Ainsi d'Apelles de la Parque surpris
Fut iadis laissé le Tableau de Cypris :

Nul depuis n'osant la besongne attenter
    Pour la remonter.
Quel de nous pourra renoüer ce tissu
Conceuant l'ardeur que son ame a conceu?
Quel de nous pourra de ce docte portraict
    Contrefere vn trait?
Grand Démon François, digne chantre des Dieux
Qui premier passas la loüange des vieux:
Sans second, sans per, de la Grèce vainqueur,
    Prince du sainct choeur.
Vandomois harpeur, qui mourant ne mourras,
Mais de loing nos pleurs à ton aise verras,
Oy ce saint concert, & retiens auec toy
    L'ombre de ton Roy.
Puisse ton Tombeau leger estre à tes oz,
Et pour immortel monument de ton loz,
Les œillets, les Lis, le Lierre à maint tour
    Croissent à l'entour.

                    NIC. RAPIN,
    Lieutenant de robe courte à Paris.

NAENIA PENTASYLLABICA.

Spargite ad hunc lapidem flores, & serta, Poëtæ:
    Et tumulum violis sternite odoriferis:
Spargantur crocus, atque rosæ, verníqueh yacinthi,
    Liliáque immixtis alba papaueribus.
Nec desint hederæ, myrthíque & pampinus, & qua
    Vos caput ornatis laurus Apollinea.
Fundite lac, vnguenta, oleum, far, mella, merúmque,
    Quódque fluit liquidis nectar arundinibus.

Mollis & ad sacram fundatur amaracus vrnam,
  Et thus, & nardi copia Achæmeniæ:
Atque sepulcralis quæcunque in munere pompæ
  Soluere consueuit prisca superstitio.
RONSARDI hoc bustū est, cuius iam nomē ab Afro
  Ad Gangem, & montes fertur Hyperboreos:
Qui primus Graias ad Gallica plectra Camœnas
  Non vi, sed numeris traxit amabilibus.
Qualiter ingenuas Sparta abduxisse puellas
  Messenem cautus fertur Aristomenes.
Hic postquàm patriis iunxit noua pondera rythmis,
  Sermonémque nouis auxit acuminibus:
Phœbadis Iliacæ sacros celebrauit amores,
  Et Veneris risus lusit Acidaliæ.
Forsitan & veros concepit grandior ignes,
  Immitémque Deæ sensit aculeolum:
Atque ita carminibus sua vulnera fleuit, vt ipsis
  Nulla magis fuerint nota Cupidinibus.
Maius opus demum aggreditur, Regésque Deósque
  Dum canit, & titulis ornat honorificis.
Troianáque suos deduxit origine Gallos,
  Et clarum multis Carolum imaginibus.
Sic puer Hectorides Xantho & Simoënte relictis
  Diuino ad Rhenum venit haruspicio.
Græcia delatos Gallis iam cedat honores,
  Submittátque vetus Roma supercilium.
Vicimus, & spoliis Latÿ gaudemus opimis:
  Gallus ouat ludis victor Olympiacis.
Frustra Virgilius, frustra iactetur Homerus:
  Vtrumque exuperat Gallus Atlantiades,
Dignus qui duplici princeps Helicone sederet,
  Pimplæisque daret iura cacuminibus.

Ille vbi ciuili patriam jam Marte cadentem
    Vidit, & impleri cuncta latrociniis,
Incendique vrbes, & regia nomina tendi,
    Prostratísque solum pingue cadaueribus,
Nunc moriamur, ait: patriæ superesse puderet,
    Atque moras annis nectere inutilibus.
Dixit, & incumbens focalibus, vltima luxit,
    Qualis olor ripas propter arundineas.
Non illum ambitio, vel amor væsanus honorum,
    Vel fœdæ stimulus punxit auaritiæ:
Gustauit parta post bis sex lustra quiete
    Dulcibus immixtam rebus amaritiem.
Vos quibus est cordi sua laus, qui præmia dudum
    Concipitis tanto digna magisterio:
In planctum atque preces numeris concordibus ite,
    Defunctóque pium ferte ministerium.
Non iuuat obscuram gestare in funere pallam,
    Et caput impexo triste capillitio.
Hæc sunt quæ canimus veri monumenta doloris:
    Hæc sunt Castalij iusta sodalitij.
Manibus hæc, RONSARDE, tuis cano, dedico, pono,
    Supremum nostræ pignus amicitiæ.

        IDEM N. RAPINVS
        Succinctus in vrbe Quæsitor.

STANCES
SVR LE TRESPAS
DE RONSARD.

I

E Phœbus des François, ce Prince
des Poëtes,
Ce RONSARD, dont les vers sont
autant de trompettes
Qui font bruire en tous lieux son
immortel renom,
Il est mort auiourd'huy : mais sa Muse sçauante
En despit de la Mort reste encore viuante,
Deterrant du tombeau des grands hommes le nom.

II

Comme la Poësie auec luy prist naissance,
Elle est morte auec luy : Phœbus qui sort de France
Fait en leur mont Natal les Muses retourner :
Calliope sans plus en France est demeurée,
Et delaissant ses Sœurs, de dueil toute espleurée,
Ne veut de son RONSARD la Tombe abandoñer.

III

Quand du tan de Bacchus la brigade eschaufée
Aux bords Oeagriens vint desmembrer Orphée,
Ceste Muse sa mere en mena moins de dueil :
Elle a le cœur saisi d'vne douleur si grande,
Qu'elle requiert au Ciel que mortelle il la rende,
Pour de son cher RONSARD mourir sur le cercueil.

K iij

IIII

Tu es donc, mort RONSARD, disoit ceste Déesse,
Et ta cruelle mort m'engendre vne tristesse,
Qui sera tousiours fraiche au plus vif de mon cœur.
Ma douleur & mon estre auront mesme puissance,
Mon essence immortelle au temps fait resistance,
Et mon durable ennuy des ans sera vainqueur.

V

Ta mort en moy, RONSARD, fait mourir toute ioye:
Si quelque bien m'arriue, il s'escoule & se noye
Dans le torrent de pleurs, qui roulent de mes yeux.
Pour descouurir le dueil, qu'en l'esprit ie recelle,
Ie veux qu'à l'auenir Alginope on m'appelle,
Ce nom est conuenable à mes maux ennuyux.

VI

Que mes Sœurs à leur gré sans moy leur bal demenët,
Et que sur Helicon seules elles se tiennent,
Ce lieu m'est, sans RONSARD, un desert tenebreux:
Sans RONSARD ses Lauriers sont Cypres mortuaires,
Sans luy-mesme Hippocrene a changé ses eaux claires
Aux marets de Cocyte obscurément bourbeux.

VII

Que i'auoy de plaisir lors qu'en son âge tendre
RONSARD venoit songneux l'air de nos chants entendre,
Et remarquer les saults de nos branles diuers!
Que i'aimois à le voir d'vne teste panchée
Au riuage Ascrean sa soif rendre estanchée,
Remplissant d'eau sa gorge & son esprit de vers!

VIII

Il me souuient qu'un iour ayant sa dextre prise,
Et le trouuant esmeu d'vne ieune entreprise,

Pour oster le mortel contraire à sa fureur
Ie le lauay neuf fois: puis d'vne bouche enflée,
Ayant dessus son chef mon haleine soufflée,
Ie luy remplis le sein d'ingenieuse erreur.

IX

Ce iour deuant mes yeux sans fin se represente,
Et la mort de RONSARD, *qui m'est tousiours recente,*
Croissant de plus en plus les douleurs que ie sens
Me rentame l'esprit d'vne incurable playe :
Mais en vain d'oublier mes ennuis ie m'essaye,
Car ma Mere tousiours les r'apporte à mes sens.

X

O Mort, tu te deuois monstrer plus fauorable
Au chantre dont les vers te rendent memorable
En l'Hymne qu'autresfois il fit en ton honneur:
Las! ie croy que ces vers t'ont donné plus d'enuie
De nous rauir RONSARD *& le priuer de vie,*
Afin d'auoir là bas vn si graue sonneur.

XI

Quand Homere mourut, i'auoy tant d'esperance
De le voir par RONSARD *vn iour renaistre en Fráce,*
Que ceste seule attente appaisa mes regrets:
Maintenant de moitié ma tristesse s'augmente,
Car l'Homere François, dont la mort ie lamente,
Fait encor vne fois mourir celuy des Grecs.

XII

I'ay perdu tout espoir de plus voir de Poëtes,
Tousiours mes Sœurs & moy nous languirons muettes
Par la mort de RONSARD *qui nous donnoit la vois:*
Nous auons autresfois quitté nostre Phocide
Afin de suyure en Fráce vn seul RONSARD *pour guide:*
Ores puis qu'il est mort, nous laissons les François.

K iiij

XIII

Ainsi loin de ses Sœurs, dont elle fuit la trope,
Du trespas de RONSARD se plaignoit Calliope,
Lors qu'elle veit pres d'elle Apollon arriuer :
Cessez (luy dit ce Dieu) d'espancher tant de larmes,
Celuy que vous pleurez, remporte par ses carmes
Vn honneur dont la Mort ne le pourra priuer.

XIIII

C'est de moy que iadis les Poëtes nasquirent,
C'est par moy qu'en leurs vers tāt de gloire ils acquirēt,
Par moy RONSARD depuis a tāt fait qu'ils n'ōt plus
L'heur d'auoir mieux escrit que ceux de sa contrée,
Et ma docte fureur dans sa poitrine entrée
Fait que tous ses escrits comme oracle sont leuz.

XV.

Si Libitine auoit sur RONSARD quelque force,
Mon sçauoir medecin reuerdiroit l'escorce
De son tronc qui pourrit au sepulchre estendu;
Mais ce n'est poīt RONSARD ce corps mort que la terre
En son giron auare estroictement enserre,
RONSARD, c'est ce grand nō par le monde espādu.

XVI

Il est vray que le corps gisant sous ceste lame
Pour auoir autrefois logé ceste belle ame
Semble encore auiourd'huy quelque honneur receuoir :
Et la posterité lisant sa Poësie,
Viendra d'estonnement & de regret saisie
Ce Tombeau de RONSARD par grād miracle voir.

XVII

Alors ie permettray que ma saincte presence
Fera diuinement par secrette influence
Mon brusque enthousiasme en ce marbre venir :

Et ceux qui de RONSARD auront la Tombe veüe,
D'vne Delphique ardeur sentans leur ame esmeüe
Se verront sur le champ Poëtes deuenir.

XVIII

Les pleurs nouuellement versez sur ceste biere
Seruiront de rosée & d'humeur nourriciere
Pour y faire en tout temps ma Plante regermer :
La Palme y doit leuer sa cime glorieuse,
Monstrant que la vertu des ans victorieuse
Sous le creux monument ne se laisse enfermer.

XIX

Dans les Cieux esclairez des raiz de mon visage
Ie voulus triste & blesme arrester mon voyage
Aussi tost que RONSARD eut accomply ses iours :
Et rendant de sa mort la memoire eternelle,
Tous les ans desormais pour merque solennelle,
Au temps de son trespas ie finiray mon cours.

XX

De ces mots Apollon Calliope console,
Et son dueil comme vne ombre esuanoüy s'en-volle.
Alors ces Dieux en Cyrrhe à l'instant sont portez :
Phœbus prenant sa Lyre au haut du mont se place,
La Muse entre ses Sœurs retournée en sa place
Diligente reprend ses ouurages quitez.

SVR L'EPITAPHE DE RONsard faict par luy-mesme.

Le Cygne Vendosmois dressant au Ciel son aile
Voulut en six beaux vers son obseque chanter,
Afin qu'autre que luy ne se puisse vanter
D'auoir part au renom de sa Muse immortelle.
Ainsi voulut Ajax de sa main se ferir,

K v

Estant digne tout seul de si haute entreprise;
Mais par sa main Ajax vivant s'est fait mourir,
Et par ses vers Ronsard mourant s'immortalise.

ELEGIE.

Pleuron pleuron Ronsard, tous les Poëtes pleurent,
Mais plustost par sa mort tous les Poëtes meurent:
Les Muses & l'Amour languissent par sa mort:
Et Parnasse sent bien que son Ronsard est mort.
Ronsard ce grand Ronsard qui grimpant sur le feste
De Pinde & d'Helicon, avoit orné sa teste
Des Lauriers que Phebus pour son chef reservoit,
Menaçant de bien loing quiconque le suivoit:
Ronsard qui ramena les Muses en la France
Faisant taire la voix du Cygne de Florence:
Ronsard qui arracha la victoire des mains
Et des chantres Gregeois & des chantres Romains:
Ronsard tout l'ornement de tout ce qui peut naistre,
Le pere des chansons, & des Amours le maistre:
Ronsard qui fut icy le miracle des Cieux,
Et qui sera là bas le Soleil des bas lieux.
Pleuron pleuron Ronsard, tous les Poëtes pleurent,
Mais plustost par sa mort tous les Poëtes meurent.
   Les Muses & l'Amour le pleurent avec nous,
Les Muses & l'Amour n'avoient rien de plus dous
Que le doux miel coulant de sa bouche divine,
Quand tout plein de Phebus & du fils de Cyprine
Il chantoit en ses vers les traits & le brandon,
Les esbats, les devis, les jeux de Cupidon:
Ou quand plus hautement & d'haleine plus forte,
Et montant de son Luth les nerfs en autre sorte
Il chantoit les combats les armets, les escus,

La gloire des vaincueurs, la honte des vaincus.
O Muses vous estiez son soing & son estude,
Et parmy vos deserts cherchant la solitude,
Il aimoit de se perdre à trauers vos Lauriers,
Par des lieux incognus à tous ses deuanciers:
Il imitoit du Luth le chant d'vne Sereine,
Ores touchant la basse, ores la plus haultaine,
Ores d'accords tous pleins, mais tousiours d'vn bel air
De sa Lyre il faisoit les sept langues parler,
Et les flots gazoüillants d'vne argenteuse source
A l'enuy de son chant faisoient bruire leur course:
Maintenant il est mort, & les Dieux de là bas
Se sont monstrez ialoux de tant de doux esbats.
Pleuron pleuron Ronsard, tous les Poëtes pleurent,
Mais plustost par sa mort tous les Poëtes meurent.

  RONSARD ayant le cœur diuinement espris
Et du feu de Phebus & du feu de Cypris,
Qu'allumoient les beaux yeux d'vne ieune Cassandre,
Apprenoit aux amants comment il faut espandre
Mille pleurs, doux tesmoins des blessures du cueur,
Et comment le vaincu se peut rendre vaincueur:
Il donnoit à l'Amour les flesches & les flames
Dont il naure les cœurs & reschauffe les ames:
Et comme il luy donnoit des flames pour brusler,
Il luy donnoit aussi des ailes pour voler,
Et fuyr la rigueur des beautez trop cruelles.
Amour tu luy dois tout, & les Nymphes plus belles
Luy doiuent leur Empire, & le nom qu'elles ont,
Et la gloire du bien, & du mal qu'elles font.

  O vous donques Cassandre, ô vous donques Marie,
Et vous Geneure aussi, vous qu'il a tant cherie,
Qui auez eu l'honneur d'enchanter ses esprits

K vj

Et d'estre le subject de ses doctes escrits,
Pleurez RONSARD pleurez, tous Poëtes le pleurēt,
Mais plustost par sa mort tous les Poëtes meurent.
Pleurez donc auec eux, ou si desia sans corps
Vos ames ont passé dans la barque des morts,
Venez Nymphes venez, où des Nymphes les ombres
Accourez au deuant parmy ces forests sombres,
Et recueillez celuy dont les vers amoureux
Ont retiré vos noms des monuments pouldreux,
Les portant auec eux par tous les lieux du Monde
Où s'espand le doux miel de leur douce faconde.
Vous Poëtes aussi, que les champs fortunez
Retiennent maintenant de Myrtes couronnez,
De Lauriers, de l'Hierre, & d'vne blanche Oliue,
Venez-le receuoir au sortir de la riue,
Bellay, Belleau, Iodelle, & vous qui n'auez eu
Vieux Poëtes François, l'honneur de l'auoir veu
Le guidant en ces champs, où la voûte etherée
Espand plus largement sa lumiere dorée
Sus l'herbe & sus les fleurs d'vn eternel Printemps,
Où les Poëtes saincts à Phebus vont chantans
Et carollants en rond par les larges prairies
Entre les beaux Oeillets, & les Roses fleuries.
De Myrte & de Laurier vous luy ceindrez le front
Et mesme honneur que vous les autres luy rendront:
Hault vous l'esleuerez sur vos espaules nuës
Pour descouurir au loing les terres incognuës:
Vous le presenterez à CHARLES, son grand Roy,
CHARLES à qui voüant & sa Lyre & sa foy,
RONSARD dedans ces vers d'eternelle memoire
A basty de ses mains vn sepulchre de gloire,
Que vous serez content ô grãd CHARLES de veoir

Esleué dessus tous celuy dont le sçauoir
Fait que vostre vertu qui n'a point de seconde,
Se borne seulement des limites du Monde:
Il vous ira contant des nouuelles d'icy
De HENRY nostre Roy, vostre plus doux soucy,
HENRY, qui reuenant de la froide Scythie
Trouua par vostre mort la France mipartie,
Et les feux de discorde en mille lieux semez,
Qui furent aussi tost esteints & consumez:
Comment il a depuis sous vne paix heureuse
Porté dessus son chef la Couronne gemmeuse,
Tenu le Sceptre en main, & fait regner encor
La iustice & la foy du premier siecle d'or:
Comme il a despoüillé les vanitez du monde,
Esleuant son esprit sur la terre & sur l'onde,
Sur les airs, sur les Cieux, ne luy donnant repos,
Et ne le repaissant que de diuins propos:
Il vous ira contant les beaux temples qu'il dresse,
Où de iour & de nuict, tout remply d'alegresse,
Il se bat l'estomach, & s'humecte les yeux
Les genoux contre terre, & le cueur vers les Cieux:
Comme sa pieté de iour en iour s'augmente,
Comme mille moyens tous les iours il inuente
De rendre Dieu propice, & n'est iamais content
Par ieusnes & par vœux bien-heureux Penitent,
Et tousiours protecteur de la Foy Catholique,
Ennemy comme vous du mutin heretique:
Lors vous vous sentirez tout le cœur resiouir,
Et voudrez ô grand Roy toute l'histoire oüir:
RONSARD vous la dira, vous laissant vne
De sçauoir, mais bien tard, le reste de sa vie:
Et ce que les neueux de nos neueux verront,

K vij

Luy viuant immortel, eux ils vous l'apprendront:
O Dieux que i'ay desir que bien tost nouuelle ombre
I'aille en ces champs fleuris en augmenter le nombre:
Mais le Destin m'arreste, & me sera bien tard
Quãd ie pourray mourir pour te suiure RONSARD.
Ce pendant de mes pleurs & d'vn piteux office
Ie feray sur ta Tombe annuel sacrifice:
Et quand l'an reuolu ce iour nous reuiendra,
Iour triste de ta mort, vne voix s'entendra.
Pleuron, pleuron Ronsard, tous les Poëtes pleurent,
Mais plustost par sa mort tous les Poëtes meurent.

 Mais bons Dieux qu'est-ce cy, ie sens faillir ma vois,
I'ay le cœur estouffé, i'ay l'estomach pantois,
Ie rougis, ie pallis, ie tremble, ie forcene:
Mon corps est tout en eau, mon ame n'est pas saine,
I'oy Parnasse trembler, ie voy le double Mont
Separer ses deux chefs, ie voy tourner en rond
Les champs & les forests, ie voy comme il me semble
Les flambeaux de la nuict se leuer tous ensemble:
Ie voy dedans les Cieux le triste Délien
Cacher son chef doré: ie voy, ie ne voy rien:
Sous vne obscure nuict toute chose est cachée,
Et toute la Nature à ce coup desbauchée:
De rechef ie voy tout, l'air est large & ouuert,
La nuict fait place au iour, le ciel est descouuert,
Vn Soleil tout nouueau comme deuant rayonne.
Ie voy ce grand PERRON, qu'vne troupe enuironne
De Poëtes vestus d'vne robe de dueil:
Ie les voy tous ensemble autour de ton cercueil,
Cercueil que t'a dressé ton fidele Galaude,
L'enrichissant encor de mainte belle offrande.
Mais la plus belle offrande, & la plus riche encor,

Ce grand PERRON te l'offre en vne coupe d'or
Toute pleine de miel, de Nectar, d'Ambrosie,
Sur ta Tombe espandant vne douceur choisie,
Oeillets, Roses, & Lis, pour y faire en tout temps
Veoir les riches thresors d'vn odoreux Printemps.
Ie voy le cruel fils de la douce Ericine
S'arracher les cheueux, se battre la poitrine,
Rompre son arc en deux, esteindre son brandon,
Et sa trousse & ses traits ietter à l'abandon.
A pas mornes & lents, trainant à bas ses ailes,
Il vient à tous monstrer les blessures cruelles
Qu'il a receu, RONSARD, le iour que tu es mort,
Et se plaindre des Dieux, de Nature & du Sort.
Ainsi dit-on qu'vn iour despoüillé de ses armes,
Souspirant, sanglottant, espandant mille larmes
Dessus son frere Enée, il faisoit de grands cris,
Accompaignant le dueil de sa mere Cypris:
Mais les pleurs & les cris RONSARD ne te resucillent,
Tes yeux sous vne nuict en silence sommeillent:
Ils sommeillent helas! en vn cruel sommeil,
Iusques à tant qu'vn Ange ait sonné le resueil:
Pleuron, pleuron Ronsard, tous les Poëtes pleurent,
Ou plustost auec luy tous les Poëtes meurent.
  Helas! dequoy nous sert qu'on nous appelle saints,
Si la Mort dessus nous peut estendre ses mains?
Dequoy nous sert helas! que les Dieux se soucient
De nous & de nos vers? que les hommes nous dient
Receuoir en l'esprit les doux presens des Cieux,
Si malgré le vouloir & le pouuoir des Dieux
Nous descendons là bas en la commune barque,
Subiects comme le peuple au ciseau de la Parque:
Parque dont le ciseau sans iamais se roüiller

Ne cesse de couper, trancher, & se soüiller
Dans le sang des humains: Parque qui trop cruelle
Emporte la ieunesse en sa fleur la plus belle:
Parque qui rauissant les ieunes au trespas,
Les plus vieux toutefois en oubly ne met pas,
Mais va tout deuorant, comme Louue enragée.
La barque de Charon n'est iamais trop chargée,
Toute pleine de morts sans veines & sans os
Et de iour & de nuict va trauersant les flots
De Cocyte & de Styx en neuf ondes retorte:
Là bas dessus les bords vne grande cohorte
D'ombres de tous endroits va la barque attendant,
Et comme papillons volettent, cependant
Que Charon fait payer aux autres le passage,
Les autres va chassant de dessus le riuage.
Tost ou tard il nous faut aborder à ce port,
Et presser de nos pieds le chemin de la mort:
Nous viuons en esprit, mais tout le reste Tombe
Sous l'obscure froideur d'vne mortelle tombe.
Le Poëte est mortel, son œuure seulement
Dans l'esprit des viuans vit eternellement.
Ainsi vit maintenant la longue renommée
Des gens d'armes Troyens, Troye estant en fumée,
Et la toile refaite & deffaite sans fin,
Dont la Grecque trompoit le courtisan peu fin.
Ainsi viura Marie, ainsi viura Cassandre:
Deux Nymphes qui t'ôt peu l'vne apres l'autre prēdre.
Mais tu meurs ô RONSARD, ne pouuant rien sinon
Mortel leur departir vn immortel renom.
Pleuron pleuron RONSARD, tous les Poëtes pleurēt,
Mais plustost par sa mort tous les Poëtes meurent.
   On conte que iadis quand la nef de Iason

Des riuages Colchois apporta la Toison,
Medée auec le iust de ses secrettes plantes
Renouuella d'Eson les arteres tremblantes:
Las c'est toy qu'il falloit, & non pas luy, RONSARD,
Renouuellant ton corps, rendre ieune & gaillard!
Que ne sçay-ie pour toy cognoistre la racine
Qui produit cette plante & cette medecine:
Quand l'Hyuer de tes ans le sang t'eust refroidy,
Tout soudain d'vn Printemps ton chef fust reuerdy!
Mais les Dieux trop cruels, qui nous portent enuie,
Sous de seueres loix ont rangé nostre vie.
Apres vn long Hyuer le Serpent tout nouueau
Laisse dessous la terre & ses ans & sa peau:
Les arbres despouillez tous les ans refleurissent,
Et les champs dessechez tous les ans reuerdissent:
Mais quand l'homme vne fois de vieillesse est attaint,
Elle ne luy rend plus ny ses ans ny son teint.
Tithon le vieil mary de l'Aurore empourprée,
Se paissant de Nectar sa vieillesse recrée,
Et couché sur les fleurs de son lict embasmé,
Luy va baisant le front dont il est enflamé.
Si l'Aurore eust voulu nos prieres entendre
RONSARD, elle eust laissé son Tithon pour te
    prendre:
Tu serois maintenant aupres d'elle à requoy,
Elle seroit aussi plus contente auec toy.
    Au leuer, au coucher de ta Dame immortelle,
Tu charmerois son cœur d'vne chanson nouuelle:
Quand elle partiroit pour apporter le iour,
Tu irois espandant des Roses tout autour
De son coche attellé, chassant la nuict humide:
Tu mettrois en ses mains de ses cheuaux la bride,

Et puis en les flatant de l'vne & l'autre main,
Çà & là sur leur col tu coucherois leur crain.
Mais las ! tu meurs Ronsard, & nos vœus n'ont puissance
De soustraire à la Mort vne mortelle essence :
Il faut que ton corps soit en vn Tombeau reclus,
Et que pensant te veoir nous ne te voyons plus.
   Las que pouuons nous donc ? Terre ne sois pesante
A ses os que tu tiens, imite en l'air pendante
La masse de ton Tout, qui ne se laisse aller,
Mais de son propre poids se soustient dedans l'air.
Terre si tu le fais, tu sois tousiours couuerte,
Ainsi que d'vn tapis d'vne herbe molle & verte,
Et nos yeux t'arrosants d'vne source de pleurs,
Facent naistre de toy toutes sortes de fleurs :
Pleuron, pleuron RONSARD, tous les Poëtes pleurent,
Ou plustost par sa mort tous les Poëtes meurent.

               R. Cailler Poëteuin.

SONET.

COmme le long du Pau autour de Phaëton
Ses cheres sœurs pleuroient sa cruelle auenture,
En se voyant couurir le corps d'escorce dure,
Et leurs pieds endurcir d'vne estrange façon :
   Ainsi pres ce Tombeau la troupe d'Helicon
Sanglottant, souspirant sa chere nourriture,
Regrette son Ronsard, & blasme la Nature
De n'auoir respecté le Laurier d'Apollon.

Las les cris & les pleurs semblables on voit faire,
Mais la cause du mal en ces deux est contraire,
Et divers accidens causent vn mesme effect:
Car Ronsard est pleuré quittant la terre basse
Pour monter dans le Ciel où sa vertu prend place,
Phaëton, pour le sault que du Ciel il a faict.
CH. De la Guesle.

SVR LE TRESPAS DE Ronsard, qui fut vers le Solstice Hiuernal.

LA Mort vouloit Ronsard pour monstrer sa puissance,
Apollon reseruoit son Poëte du trespas:
Elle qui finement espioit son absence,
Ces longues nuits d'Hyuer l'a fait passer le pas.

Autre.

Esprits, qui d'Apollon allez suiuant la trace,
Saintement trauaillez d'vn vertueux soucy,
Oubliez des-ormais le chemin de Parnasse,
Les Muses n'y sont plus, elles dorment icy.

Autre.

Que sert troupe saincte d'espandre
Ces cris en vain sur son trespas?
Ronsard ne nous sçauroit entendre,
Car, pour luy, nous parlons trop bas.

Autre.

Quand Phebus vers le soir nous cache son flambeau,
Soudain mille beaux feux sortent en apparance:
Ainsi mourant Ronsard, le Soleil de la France,
Mille braues esprits naissent de son Tombeau.

G. Durant.

Quoy donc RONSARD en son art le premier,
RONSARD est mort, & son trauail honeste,
Et d'vn renom l'immortelle conqueste,
N'ont sceu ployer du Sort l'arrest meurtrier?
Qui eust pensé que ce braue Laurier
Qui iustement environnoit sa teste,
N'eust peu domter l'orageuse tempeste
Et les efforts du Destin coustumier?
Pour neant donc la personne s'employe
A se guinder par vne longue voye
Sur l'Helicon pour se voir couronner:
Si le Destin plus cruel que le foudre,
Qui ne sçait pas aux mortels pardonner,
Met les Lauriers & Poëtes en poudre.

A. DE TOVRNEBV.

Giunta del gran Ronsardo all' altra riua
L'Ombra felice, il sacro Elisio Choro
Lieto l'accolse, il crin cinto d'Alloro,
Di verde Mirto, & di tranquilla Oliua.

Et voce vdissi, O gloriosa, & Diua
Alma, che di saper si gran' Tesoro
Spargesti nel mirabil tuo lauoro;
Quale altra sia, che mai tant' alto scriua?
   Tu de la Francia il sol, tu sempiterno
Stupor del mondo sei riuata al segno
Cui trassender non lice ad huom' mortale.
   Dumque frai duo piu chiari Toschi eterno
Loco riceui altero spirto & degno,
Recand' honore à tant' honore eguale.
              Ferrante Grigioni Fior.

FIN DV TOMBEAV DE
Pierre de Ronsard.

TABLE DES EPITAPHES.

Sur le cœur du feu Roy tres-chrestien Henry II. Sonnet. 1
Tombeau du feu Roy tres-chrestien Charles IX. 2
Sonnets sur le mesme suiet. 8. 9. & 10.
Tombeau de Marguerite de France, Duchesse de Sauoye: Ensemble celuy de François I. & de tous Messieurs ses enfans. 11
Epitaphe de François de Bourbon, Comte d'Anguien. Stances. 26
Prosopopee de feu François de Lorraine, Duc de Guise. 28
Epitaphe de feu monsieur d'Annebaut. 29
De feu Roc Chasteigner, seigneur de la Roche de Posé. 34
De Hercule Strosse Mareschal de France. 38
D'Antoine Chasteigner. Elegie. là mes.
D'Anne Duc de Montmorency, Connest. 45
De messire Louys de Bueil, Comte de Sanxerre. Sonnet. 54
Du Seigneur de Scillac. 55
De Philippes de Cōmines Historien. Dial. 58
D'Artuse de Vernon, Dame de Teligny. 60
D'André Blondet Sieur de Rocquancourt. 61
De Loyse de Mailly, Abbesse de Caen &c. 64
De Claude de l'Aubespine. 66
De mõsieur le Presidēt de S. André. Dialog. 71

TABLE.

Pour les cœurs des Sieurs de l'Aubespine. 72
De Françoise de Vieil-pont Prieure de Poissy. 73
De feu Damoiselle Anne de Lestrat Angeuine. 76
De Marulle Poëte Grec. 78
D'Adrian Turnebe Lect. du Roy. Sonnet. 80
De Iean de la Peruse Angoumois. 81
De Nicolas Vergece. 83
De Marie Brachet. là mes.
Du Sieur de Quelus. Dialogue. 85
Pour le Sieur de Maugeron. Sonnet. 87
De Remy Belleau Poete. 88
D'Albert, Ioüeur de Luth du Roy. Dial. là me.
De Courte, Chienne du Roy Charles IX. 90
De Beaumôt, Leurier du Roy Charles IX. 94
De la Barbiche de madame de Villeroy. 99
De Thomas. 101
De Mernable, ioüeur de farces. 102

PLVS,

Les derniers vers dudit Ronsard, Stances & Sonets. 103
La vie d'iceluy, par Cl. Binet. 107
Eclogue sur la mort dudit Ronsard, intitulee Perrot, par le mesme Cl. Binet. 158
Le Tombeau de Ronsard, recueilly de plusieurs personnes doctes de ce temps, en vers Grecs, Latins, & François. 171

FIN.

guyon de sardière

EXTRAICT DV PRIVILEGE DV ROY.

Par grace & Priuilege du Roy, il est permis à M. Iean Galandius Principal du College de Boncourt, de choisir & eslire tel Libraire que bon luy semblera pour imprimer ou faire imprimer *Les Oeuures de P. de Ronsard Gentil homme Vandomois, reueues, corrigees & augmentees par l'Autheur peu auant son trespas, & mises en leur ordre suyuant ses memoires & copies, le tout redigé en dix Tomes.* Et sont faictes defenses par ledit Seigneur Roy à tous Libraires, Imprimeurs & autres de ce Royaume, de n'imprimer ou faire imprimer, vendre ny distribuer les susdites Oeuures ensemble, ou separément, si ce n'est du vouloir & consentement de Gabriel Buon, Libraire Iuré en l'Vniuersité de Paris, lequel le susdit S. Galandius a choisi & eslu, & doné puissance & auctorité de les imprimer en tel volume que bon luy semblera, pendant le temps de dix ans finis & accomplis, à commencer du iour que lesdites Oeuures seront paracheuées d'imprimer, à peine de confiscation desdites Oeuures & d'amende arbitraire. Et veut ledit Seigneur, qu'en mettant vn Extraict dudit priuilege au commencement ou à la fin desdites Oeuures, il soit tenu pour deuëment notifié à tous Libraires, Imprimeurs & autres, comme plus amplement est declaré audit Priuilege. Donné à Paris le quatorzieme iour de Mars mil cinq cens quatre vingts & six.

Signé,

HENRY.

Et plus bas, Par le Roy.

DE NEVFVILLE.

Et scellé du grand seau en cire iaune.

Acheué d'imprimer le 24. Decembre 1586.

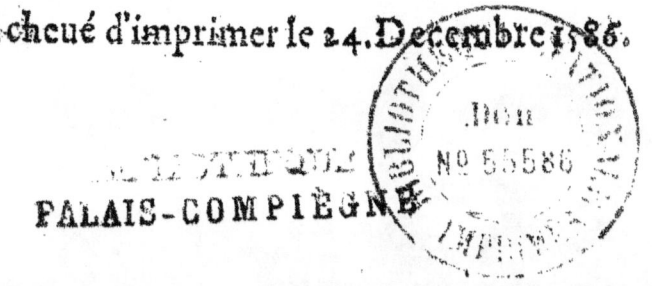

www.ingramcontent.com/pod-product-compliance
Lightning Source LLC
Chambersburg PA
CBHW071930160426
43198CB00011B/1342